秦漢魏晉南北朝

大富翁

白品鍵／著
簡志剛／繪

三民書局

國家圖書館出版品預行編目資料

秦漢魏晉南北朝大富翁 / 白品鍵著;簡志剛繪.－
－初版一刷.－－臺北市: 三民, 2017
　　面;　　公分－－(兒童文學叢書/歷史遊戲王)

ISBN 978－957－14－6197－7　(精裝)

1. 秦漢史 2. 魏晉南北朝史 3. 通俗史話

610.9　　　　　　　　　　　　　　105017996

©　秦漢魏晉南北朝大富翁

著 作 人	白品鍵
繪　　者	簡志剛
企劃編輯	蕭遠芬
責任編輯	蕭遠芬
美術設計	李唯綸

發 行 人	劉振強
著作財產權人	三民書局股份有限公司
發 行 所	三民書局股份有限公司
	地址　臺北市復興北路386號
	電話　(02)25006600
	郵撥帳號　0009998-5
門 市 部	(復北店)臺北市復興北路386號
	(重南店)臺北市重慶南路一段61號

出版日期	初版一刷　2017年1月
編　　號	S 630450

行政院新聞局登記證局版臺業字第○二○○號

有著作權·不准侵害

ISBN　978-957-14-6197-7　（精裝）

http://www.sanmin.com.tw　三民網路書店
※本書如有缺頁、破損或裝訂錯誤,請寄回本公司更換。

歷史遊戲王

「你喜歡歷史嗎？」問到這個問題，大概搖頭的人比點頭的人多吧！老師上課，只要一講到課本中的許多人名、地名，很快就會把大家的瞌睡蟲給招來了。

「這怎麼行！」一群熱愛歷史的叔叔、阿姨聽到馬上跳起來，大家七嘴八舌，決定進行一場神祕任務，讓小朋友重新認識歷史，並且愛上它。

「該怎麼做呢？」我們想到把歷史和小朋友最喜歡的遊戲結合起來，推出一系列的「歷史遊戲王」，把中國歷史變成各式各樣有趣的遊戲：

你可以在夏、商、周大玩疊疊樂，看看古人如何建立社會制度，再變身為新時代；

在秦漢魏晉南北朝加入大富翁戰局，搶奪中國地盤上最強的皇帝寶座；

當然，你更要一起大話隋唐，跟英雄們找尋戰友，一步步踏上天下霸主的位置；

還有舉行歷史爭霸戰，宋朝、元朝的皇帝需要你來幫忙，成為擂臺盟主；來到明清時代，職業扮裝秀帶我們體驗，成為各行各業的達人；

最後，魔幻守護者要解決晚清民初的各種挑戰，需要你一起動動腦筋了。

「哇！這真是太豐富了！」雖然我們利用遊戲的概念包裝歷史，但是真正精彩、吸引人的是歷史本身。許許多多的歷史人物、故事串成歷史，而這條時間的長河，也帶著人們向前行。三民書局為小朋友量身打造這套中國歷史，希望小朋友看完了以後，可以很高興的和朋友分享：「歷史，真是超～級～有～趣～！」

　　1902 年，德國考古學家科爾德威 (Robert Koldewey)，在今天伊拉克首都巴格達南方約七十五公里，發掘了被風沙掩埋千年的古巴比倫。走在尼布甲尼撒二世所建的壯麗城門，科爾德威在城牆上解讀出來的第一句話是：

　　「過去的一切被現在制定著，現在的一切被未來制定。」

　　遠在二千多年前，巴比倫人就意識到歷史是現代人所書寫，充滿後設與偏見。胡適則將歷史比喻成一位小姑娘，任人打扮。各朝各代，都有自己的審美取向，今人打扮古人，後人也會打扮今人。

　　爬梳前人所留下的筆跡墨痕，文字與想像所織就的虛妄，遺址與廢墟所構築的迷茫，其中有太多太多的話語縫隙，給了我們重新品讀歷史的可能，在流轉的過往中尋找新的意義。

　　對於大人而言，歷史負載了太多的使命與任務，知識面、政治面、道德面……，但歷史在孩子眼中，又是什麼模樣？

　　褪去了種種試圖加諸歷史的外衣，孩子們可以全心感受歷史的迷人之處：傳說故事的曲折離奇，引人入勝；群雄爭霸或一統帝國的雄心壯志，成王敗寇；文化藝術凝結的瑰寶，更是燦爛輝煌。歷史如同一篇篇的樂章，傳唱他們的故事。在史蹟與偉人的榮光裡，看到一個時代的理性與瘋狂，進步與反動、昇華與墮落，那是時代的聲音。

　　讀歷史，是一場遊戲。

　　在競爭與合作的趣味中，處處是人性的紋理。三民書局「歷史遊戲王」建起一座遊樂場，透過孩子熟悉的遊戲模式，傳達中國各時代的精神與歷史意義，例如用疊疊樂的概念比擬上古時代文化和制度的奠基與崩壞，又如用大富翁遊戲讓孩子了解秦漢到隋唐之間的地盤爭勝……。

　　那麼，讀歷史，有用嗎？

　　歷史不是積塵的老古董，審視那些充滿血性與骨質的細節，會令我們感受生活的炎涼與無常，人世的無情與哀傷。閱讀歷史，是一場探究人心、理解人心的冒險，是一趟哥倫布式的精神發現，穿越無知的汪洋，抵達理性、知性與感性的彼岸。

　　啟程吧！帶領孩子一同進入歷史的探索冒險！點燃他們對歷史興趣的火苗！

作家節目主持人

謝哲青

作者的話

　　讀小學的時候，我常常跟班上最要好的同學一起發明新遊戲。比方說各自在一張紙上寫著「寶物」，找個地方藏起來，然後再寫一張提示寶物地點的謎語，交換之後，看誰能先找出對方的「寶物」。有趣的是，我們都覺得自己的謎語不難，但常常對方想了一整天還是找不出「寶物」來。雖然如此，破解動腦的過程實在很有趣，最後揭曉謎語的時候尤其令人期待。我們樂此不疲，每天都在學校想著：還有哪裡可以藏寶呢？

　　我小時候家裡不算富有，家裡沒什麼書，幸好圖書館很方便，只要寒暑假一到，我幾乎是天天待在圖書館看故事書，尤其是看歷史故事。我常常一邊看，一邊罵古人：「項羽你這笨蛋，韓信是寶物啊！怎麼讓他被對方找到了？」或者一邊幫古人想辦法：「曹操應該還是有機會打贏赤壁之戰吧？如果他從很多地方渡河，不用船艦決戰的話會怎麼樣呢？」

　　沒有錢買書，就去圖書館；沒有錢買遊戲，我就自己發明遊戲。後來更發現，讀書簡直就是玩遊戲！看完一本書，我可以一個人靜靜的發呆，想著那些歷史人物做錯了什麼，或做對了什麼，有沒有一個謎語，我可以為他們破解，幫他們找到「寶物」。

最令人期待的永遠是揭曉答案的時候了。有時候看書看到一半，先把書闔起來想一想：「寶物一定就在那裡了吧？」這才繼續往下看，請古人宣布答案。動腦之後，破解的過程實在迷人，常常會有：「原來還可以這樣啊！」的驚喜。

　　小朋友們，跟我一起去秦漢魏晉南北朝，玩一場轟轟烈烈的大富翁遊戲吧！

秦漢魏晉南北朝 大富翁

目次

誰是大富翁？

　　大家有沒有玩過「大富翁」這個遊戲？在這個遊戲裡，每個參賽者都必須卯足[注]起勁來在有限的地圖上占地盤，蓋大樓，透過種種方法讓自己壯大，同時排擠其他人，想辦法奪走其他參賽者的地盤。遊戲一開始看起來很公平，但隨著遊戲的進行，也許因為運氣好，也許因為參賽者手段高明，各個參賽者所獲得的資源會出現強弱之分，大部分的情況下強者會越強，弱者會越弱，最後弱者通通破產離開遊戲，誕生一個最強的「大富翁」。

　　其實人類歷史的發展跟大富翁遊戲有點類似，各路豪傑英雄們要不斷的競爭資源，占據地盤，爭奪人民，把其他英雄打倒，讓自己成為最強的大富翁。差別在於玩遊戲有結局，大富翁誕生之後遊戲就結束了，但歷史的發展卻會一直持續下去。最強的英雄總有一天會死，繼承人雖然獲得了最多的資源，但未必守得住，當大富翁地圖上又出現大量「空地」的時候，豪傑英雄們就紛紛出來參賽了。

　　中國歷史走到春秋時代時，地圖上原本有一百多個參賽者，大家打來打去，到了戰

秦漢魏晉南北朝大富翁

2

國時代，參賽者就只剩下七個了。這七個參賽者分別是東方靠海的齊國，東北邊的燕國，中間的韓國與魏國，南方大國楚國，北邊的趙國與西邊的秦國。一開始七個參賽者各自有擅長的強項，誰也不讓誰，但西邊的秦國有次翻到「機會」卡片，重用一個來自魏國的人，叫做商鞅，將秦國徹底的大改造，秦國從此成為七國中最強的參賽者。

　　前面說過，歷史與遊戲最大的差別，在於遊戲會結束，但歷史會一直持續下去。翻「機會」卡片的參賽者叫做「秦孝公」，秦孝公過世之後，中間歷經了好幾個繼承人，不但繼續維持強盛，而且不斷鯨吞蠶食其他參賽者的地盤。然後，歷史來到了一個關鍵的轉折點，有一個叫做「嬴政」的秦國王子參賽了……

一、大富翁的誕生

1. 秦王的願望

　　戰國時代各國君王為了維持和平，會把王子送去別人的地盤當人質，如果發動戰爭，自家王子的生命就受到威脅了。嬴政出生於趙國，因為他的爸爸是秦國送去趙國的人質，儘管如此，秦國依舊時常攻打趙國，因此嬴政小時候在趙國過著整天擔心害怕的生活。為了擺脫這個困境，嬴政的爸爸翻了「機會」卡片，獲得呂不韋ㄨㄟˊ的幫助，回國當上秦王，就是後人所稱呼的「秦莊襄ㄒㄧㄤ王」。

機會

奇貨可居

　　呂不韋原本是個有錢的商人，偶然認識了在趙國當人質的秦國王子，認為「奇貨可居」。他把秦國王子當作一個奇特而罕見的貨品，值得好好經營投資。呂不韋後來花大錢打通關係，把秦國王子送回國當秦王，自己也當上秦國宰相，確實眼光不錯。

　　秦莊襄王沒多久就過世了，嬴政年紀輕輕十三歲就繼任秦王。此時期的秦國國力非常的強大，東方已經沒有任何國家是秦的對手了，嬴政因此發下豪願：要消滅其他國家，建立一個沒有戰爭的國度，成為地圖上唯一的「大富翁」。但是此刻代表秦國的參賽者，卻是幫助嬴政回國的大功臣呂不韋，因此要達到願望，必須要先長大，想辦法取代呂不韋才行。

　　嬴政等啊等，從十三歲等到二十二歲，終於可以戴上王冠，配上特製的長劍，正式接掌大權了。沒想到某一天，就在嬴政出門祭拜祖先時，有一個叫做「嫪ㄌㄠˋ毐ㄞˇ」的人叛亂，攻打秦王所居住的宮殿。

在關中地區
建鄭國渠
前246年

耗費國庫800萬錢

嫪毐叛變

前238年

前進二格

　　話說嬴政的媽媽原本是趙國的歌女，在秦莊襄王確定成為太子之後，隨著嬴政一起回到秦國。秦莊襄王過世之後，嬴政媽媽成了太后，卻無法忍受寂寞，竟然在呂不韋的幫助之下跟嫪毐外遇，還生下了兩個小孩。嫪毐的如意算盤是把嬴政幹掉，這樣他的兒子就可以當上秦王了。他的陰謀當然無法成功，嬴政知道嫪毐不是好東西，早就開始調查這件醜聞，這場叛變因此很快就被平定。

　　嫪毐跟他兩個兒子都被殺了，嬴政發現媽媽外遇竟然是因為呂不韋的介紹，這讓嬴政逮到機會，把呂不韋從宰相的位置趕下來。後來嬴政還想把呂不韋放逐到更偏僻的地方去，呂不韋整天提心吊膽，收到這個消息之後，乾脆喝毒酒自殺。從此之後，嬴政真正掌握了秦國權力，加入了歷史戰局。

　　我們來看看秦國的地盤與資源，秦國擁有非常富庶的關中、漢中以及巴蜀三大地盤，內有李斯等幹練的能臣，外有王翦、李信等獨當一面的大將，可以說是富國強兵，天下無敵。

一　大富翁的誕生

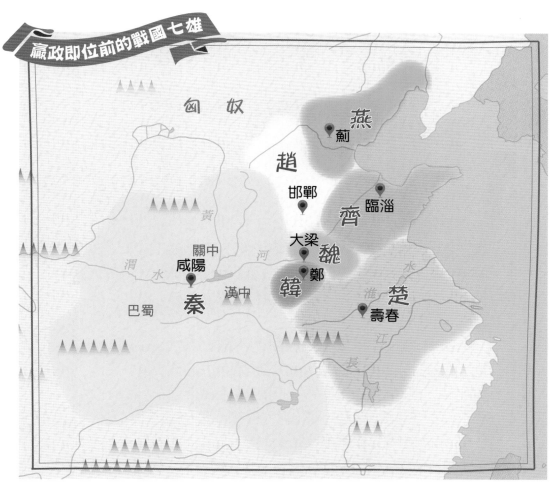

嬴政即位前的戰國七雄

2

消滅韓國之後，嬴政緊接著大舉進攻趙國。趙國的李牧實在厲害，秦國於是派出間諜，說李牧陰謀造反。趙王中計，下令李牧交出兵權，李牧明白這麼一來趙國就死定了，拒絕服從命令，趙王竟然派人把李牧殺了。李牧一死，王翦大破趙軍，於是趙國也破產滅亡了。

1

首先遭殃的是韓國，在地圖上，韓、趙、魏三國擋住了秦國向東邊出征的路，其中韓國最為弱小，因此時常要請求趙國與魏國的援助。要消滅韓國，就要使趙國與魏國無法救援韓國。

嬴政透過外交手段，讓魏國不敢出兵援助；又派王翦進攻趙國，雖然趙國有大將李牧坐鎮，與秦國打成平手，但趙國確實無法出兵了，因此韓國成了戰國七雄中，第一個「破產」出局的參賽者。

黃

渭　水

秦

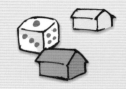

一 大富翁的誕生

3

　　韓、趙滅亡之後，秦國本來要認真對付楚國，但此時燕國派了荊軻來刺殺秦王，雖然刺殺失敗了，但嬴政非常生氣，於是兵分兩路，一邊派遣王翦、李信攻打燕國，把燕王趕到非常遠的東北邊去，另一方面派遣王翦的兒子王賁出征楚國。王賁攻下楚國十幾座城池之後，卻突然不打楚國了，跑去偷襲魏國首都大梁，最後引黃河水淹沒城市，魏國因此成為第三個滅亡的參賽者。

命運

攻楚輸項燕

前225年

暫停一回合

老將王翦出馬

前224年

前進一格

消滅楚國

前223年

獲土地3000點

4

滅了魏國之後，嬴政決定要專心對付楚國了，他派遣李信率領二十萬軍伐楚，沒想到李信竟然被楚國大將項燕打敗。嬴政非常苦惱，於是拜託原本已經退休的王翦再度出征。王翦說楚國這麼大，一定要六十萬大軍才行，嬴政於是集中全國兵力，讓王翦率軍出征，終於滅掉了楚國。

黃

渭

水

秦

命運

項燕無法力挽狂瀾

秦國軍隊天下無敵，項燕是少數能讓秦軍大敗的大將。當李信率二十萬大軍勢如破竹的攻入楚國時，項燕策動了秦國內部的叛變，逼迫李信慌慌張張的率軍回防，項燕趁機率領楚國軍隊，三天三夜不休息的追著李信軍隊。最後在兩面夾擊的情況下，項燕幾乎殲滅了李信軍隊。可惜秦國還有大將王翦，採取更加穩重的戰術，不給項燕任何發揮謀略的機會，楚國依舊難逃滅亡的命運。

秦漢魏晉南北朝大富翁

56

　　在韓、趙、魏、楚陸續滅亡之後，秦國統一天下的趨勢已經無法改變。齊國在西邊與秦交界的地方集結了大軍，卻不敢與秦軍交戰，只想力拚防守。嬴政派王賁先率領軍隊前往東北，把苟延殘喘的燕國給滅了，然後順勢從燕國南下，繞過了齊國的大軍攻占齊國，齊國只好投降。

　　這一年嬴政三十九歲，他終於完成了統一天下的心願，成為中國第一個「大富翁」。

哈哈哈！我終於統一天下了！

　　嬴政統一天下之後，如果依舊被稱為「秦王」，等於提醒其他六國被秦滅國的仇恨，也無法凸顯出嬴政統一天下的豐功偉業。嬴政心想，要有比「王」更高的稱號才行，傳說古代有偉大的三皇五帝，那麼就把「皇」與「帝」合併起來，叫做「皇帝」吧！

　　嬴政身為中國第一個皇帝，而且認為他所建立的秦朝可以維持千千萬萬年，因此他自稱「始皇帝」，他的繼任者要按照次序稱為二世皇帝、三世皇帝等等，一直傳到萬世皇帝，無窮無盡的傳承下去。

　　可惜的是，嬴政的秦朝只維持了十四年，萬世無窮的想法，根本無法實現。

君王的稱號

　　在秦始皇之前，君主的稱號都要等死掉之後才由繼任者決定，比如說「秦莊襄王」，在位的時候只稱「秦王」，嬴政繼任之後才給父親尊號「莊襄」，意思是有威嚴且能開疆拓土。

　　嬴政當皇帝後，覺得兒子怎麼可以評論父親呢？於是廢除了這個制度。秦朝滅亡以後，漢朝又恢復了兒子給父親稱號的制度，如漢朝開國皇帝劉邦死後，才被稱為漢高祖。

秦始皇給自己一個漂亮的稱呼之後，便馬不停蹄的開始規劃王朝。他將中國地圖全部劃為郡縣，集中到皇帝手下治理，秦國的貴族通通沒有分地封王，以避免如戰國七雄一樣彼此爭戰。緊接著把天下兵器全部沒收，熔毀後鑄造成十二個「金人」，放在首都咸陽作為和平的象徵。

除此之外，戰國時代每個國家所使用的文字，計量長度、體積、輕重的單位，以及所使用的錢幣都不一樣。秦始皇把這些東西都統一了，表示從此天下一家。

在李斯的建議之下，秦始皇甚至把大部分的書都沒收燒掉！雖然這是為了避免百姓懷念過往，議論秦朝，造成紛爭，但也得罪了天下的讀書人。

始皇帝統一天下	修築道路	蒙恬北伐匈奴
前221年	前220年	前215年
獲權力10000點	耗費國庫1000萬錢	耗費國庫1500萬錢

　　秦始皇的大富翁規劃工作還沒完成，又有了其他的麻煩。北方的匈奴日漸強盛，秦始皇趕緊命令大將蒙恬北伐。把匈奴趕走之後，秦始皇下令蒙恬把過去秦、趙、燕三國防備匈奴的城牆連接起來，修築成為萬里長城。

　　除了長城之外，秦始皇還興建各種大型建設，包含方便他巡視天下的寬敞道路，符合皇帝身分的宮殿「阿房宮」，以及在酈山事先幫自己修建超大型的墳墓等等。

命運

蒙恬的一生

　　蒙恬出身秦國的名將世家，在秦始皇統一天下的過程中，也立下了汗馬功勞，因此被秦始皇授命率領三十萬大軍北伐匈奴。蒙恬坐陣前線，匈奴十幾年不敢侵犯。

　　然而蒙恬後來在秦朝的政治鬥爭中落敗，被二世皇帝給處決了。蒙恬臨死之前感嘆：「我指揮建造萬里長城，像是一把刀切斷了大地，確實是有罪該死啊！」

秦漢魏晉南北朝大富翁

命 運
蒙恬趕走匈奴
前214年
獲土地800點

修築萬里長城
前213年
防禦力增加5000點
耗費國庫3000萬錢

秦代疆域

胡

東

匈

奴

朝鮮

月

氏

九原
雲中
雁門　代郡
上郡　太原
上谷　漁陽
遼西　遼東
右北平
廣陽
鉅鹿
齊郡　琅邪
薛郡
東郡
碭郡　泗水
東海
北地
河東　上黨
隴西
咸陽
三川
潁川
南陽
蘄
九江
會稽
蜀郡
漢中
南郡
巴郡
黔中
雲夢
長沙
閩中
桂林
南海
象郡

汾水
渭水
河水

老天爺
快來救救
我們吧！

焚書
前213年
損失權力800點

修建阿房宮、酈山墓
前212年
耗費國庫3000萬錢

勞役累壞人民
損失權力2000點

秦始皇病死
前210年
損失權力9000點

這些大型建設都是為了讓大家告別舊時代，感受到新王朝的強大，但每一項建設都徵調數十萬人民做苦工。結果雖然沒有戰爭了，老百姓卻比以往更辛苦。大家嘴巴上不敢抱怨，但心裡都想著，總有一天，我們要起來推翻秦朝。

機會來了，秦始皇五十歲時，在巡視天下的途中染上重病。臨死之前，他交代身邊最能幹的親信趙高寫信給長子扶蘇。此時扶蘇正在北方與蒙恬一同防備匈奴，秦始皇叫扶蘇把軍隊交給蒙恬，儘速回咸陽準備繼任皇帝。

沒想到信寫好還沒送出去，這一代

機會
趙高使詐
殺扶蘇、蒙恬
前210年
損失權力2000點

趙高亂政
暫停一回合

雄主就一命嗚呼了。趙高手上握有皇帝玉璽⌐與書信，竟聯合丞相李斯，擁立秦始皇的小兒子胡亥⌐為皇帝，並以秦始皇的口氣偽造書信命令扶蘇自殺。

秦始皇死後，二世皇帝胡亥整天花天酒地，趙高亂政，天下百姓忍無可忍，紛紛起兵叛亂，開始了另一場大富翁遊戲。

機會

指鹿為馬

　　趙高文武全才，不但是駕車好手，更是法律專家，因此十分受秦始皇器重，沒想到他在秦始皇死後卻操弄大權。趙高為了測試自己的權力，故意獻上一頭小鹿，並且對大家說：「這是一匹馬。」二世皇帝糊塗了，問了左右大臣，大臣們害怕趙高，紛紛跟著說：「那確實是馬啊！」皇帝被愚弄了還不知，甚至以為是自己有問題，如此糊塗，秦朝怎麼能不滅亡？

群雄起兵	秦朝滅亡	
前209年	前206年	GAME OVER
損失權力5000點、土地3000點	破產出局	

二、超級大富翁

3. 項羽與劉邦

　　項羽的祖父是曾經擊敗秦始皇無敵軍隊的楚國大將項燕，因此項羽可以說是出生於戰將世家中。項羽的叔父項梁也是一位通曉兵法的名將，對項羽悉心栽培，項羽也頗爭氣，不但高大威猛，且從小就表現出非凡的才氣。為了躲避仇家，項梁帶著項羽來到江東，憑藉項家的聲望與能力，項家叔姪很快就獲得江東父老的信任。

　　有一天，秦始皇出巡來到了江東。看著華麗而氣派的皇帝車駕，項羽竟脫口而出說：「哼，那傢伙的寶座早晚換人坐！」項梁趕緊用手遮住項羽的嘴，這可是會被殺頭的言論啊！但心中卻對於項羽的豪氣感到驕傲。

皇帝換人做做看！

項梁起兵	劉邦投奔項梁	楚懷王即位
前209年	前208年	前208年
楚獲權力1000點	楚獲土地3000點	楚獲權力5000點

　　秦始皇死後，天下英雄風起雲湧的起兵反秦，過去被秦始皇消滅的六國也紛紛復國，項梁也號召了江東子弟出征且擁立了楚懷王。反秦軍一開始相當順利，項梁志得意滿，認為秦軍不過如此。沒想到秦國大將章邯集結了部隊，竟然大敗各路英雄，不但擊敗並殺死了項梁，更北上攻擊才剛剛復國的趙國，把鉅鹿城包圍個水洩不通。

　　叔父陣亡，項羽滿懷悲憤，率領楚軍救趙國、殺秦兵，國仇家恨一併解決。在項羽的衝鋒之下，楚軍士兵個個以一當十，所向披靡，竟然一舉殲滅數量是楚軍好幾倍的秦軍！

機會

破釜沉舟

　　項羽來到鉅鹿救援趙國，士兵們懷疑自己不能打敗秦軍，想著如果可以回家就好了。為了激勵士氣，項羽把煮飯的鍋子通通砸破，把渡過黃河的船通通鑿沉，說：「今天不打勝仗，我們是不可能回家的，大家跟著我衝殺吧！」楚軍因此衝鋒陷陣，打了一場漂亮的勝仗。

項梁戰死

前208年

楚損失權力4000點

機會

鉅鹿之戰
項羽報仇

前207年

楚獲權力15000點

　　秦朝的軍隊在鉅鹿之戰後，幾乎全部被消滅了，天下無敵的秦軍，到此灰飛煙滅。

　　然而秦朝是亡於項羽手裡嗎？不，就在項羽拚命殺敵的同時，另一個英雄悄悄的偷襲了秦朝首都所在的關中，迫使秦王子嬰投降。這個英雄便是劉邦。

　　劉邦原本是個遊手好閒的市井無賴，與天生高貴的項羽地位相差甚遠。有一次劉邦到關中服勞役，也同樣看到了秦始皇的車駕，羨慕的說：「大丈夫就應該像他這樣啊！」

　　劉邦對朋友非常好，所以劉邦故鄉的人們在亂世中起兵反秦時，便推舉他當首領。勢單力薄的劉邦投奔了項梁，因此跟年紀小他十五歲的項羽並肩作戰。

　　後來項羽前往解救鉅鹿，劉邦便伺機尋找機會偷襲關中。鉅鹿大戰結束後不久，劉邦果然率先占領了秦朝都城咸陽，秦王子嬰投降後，秦朝也滅亡了。

　　雖然劉邦偷襲關中搶走了項羽的風采，但劉邦很聰明，知道暫時敵不過項羽，便乖乖的把秦國的珍寶獻給了項羽，項羽因此在鴻門宴中原諒了劉邦。

秦漢魏晉南北朝大富翁

劉邦入關中，
秦亡
前206年

楚獲權力8000點

機會

鴻門宴
前206年

暫停一回合

機會

鴻門宴

　　劉邦偷襲關中一副要自立為王的樣子，讓一心想當霸主的項羽非常不滿，劉邦只好親自去鴻門道歉。

　　宴會中，項羽的手下項莊說要舞劍娛樂大家，其實是想趁機刺死劉邦，幸好項羽的叔叔項伯和劉邦是好朋友，他挺身而出，假裝與項莊跳雙人劍舞，實際上暗中保護劉邦。對項羽來說，想當霸主論功行賞，也不能殺害有功的劉邦，劉邦這才能保住性命。

項羽分封天下

前206年

楚獲權力20000點
漢獲權力6000點

劉邦搶關中

前206年

漢獲土地3000點

彭城之戰
項羽大勝劉邦

前205年

漢後退一格

　　項羽主持天下的分封，自立為「西楚霸王」，將劉邦封為「漢王」。劉邦不服，認為我是最先進入關中的英雄，理當擁有關中這塊地盤，於是又起兵對抗霸主項羽。此後數年，便是楚、漢兩強爭奪「大富翁」的優勝地位。

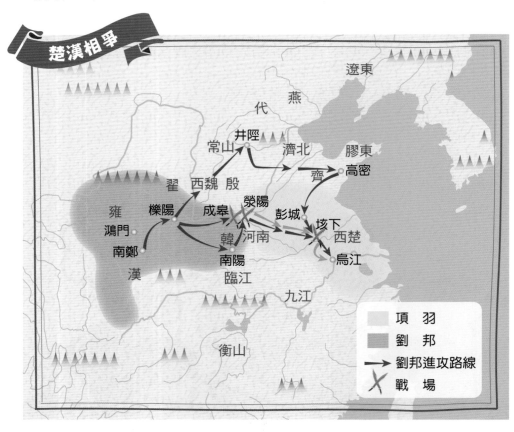

楚漢相爭

	項　羽
	劉　邦
→	劉邦進攻路線
✕	戰　場

秦漢魏晉南北朝大富翁

韓信打魏、趙
前205～204年
楚損失權力5000點
漢獲土地8000點

超級大富翁

二

　　楚漢相爭一開始，西楚霸王項羽有非常明顯的優勢，但項羽不信任自己的部下，導致手下許多人投奔劉邦。如韓信跑到劉邦陣營後，受到丞相蕭何的極力推薦，劉邦提拔韓信為大將。結果韓信領兵作戰連續打下了魏國、趙國，迫使燕國不戰而降，接著又偷襲齊國成功，為劉邦打下了半壁江山。加上其他豪傑陸陸續續的背叛項羽，劉邦幫手越來越多，後來竟然反敗為勝，擊敗了項羽！

命運

韓　信

　　韓信年輕時常常餓到沒飯吃，有一次在河邊遇到了正在洗衣服的太太，那太太看韓信可憐，便請韓信吃飯。韓信說：「我將來一定會重重答謝妳的！」沒想到太太回答說：「大丈夫連自己都養不活，我怎麼會期待你的報答？」韓信後來建功立業，果真回去找到那位太太，回報她好多金銀財寶。

　　劉邦後來封韓信為楚王，但他恐懼韓信才華遠勝自己，因此假裝巡視楚國，卻趁機把韓信綁起來。韓信感慨的說：「獵人抓到兔子之後，就把獵狗殺來吃掉，天下太平，所以我會被殺啊！」

23

韓信破齊國
前203年
楚損失權力5000點
漢獲土地10000點

決戰垓下
前202年
楚破產出局
漢獲權力10000點

漢朝
建立
前202年

　　最後劉邦和項羽在垓《下決戰，韓信指揮大軍，四面包圍了項羽，吩咐全軍唱起楚國的歌曲。項羽大驚，以為劉邦已經把他的楚國全面占領了，否則漢軍中怎麼這麼多阿兵哥會唱楚歌？想起隨他出征的江東子弟通通戰死了，項羽深深的覺得對不起他們，意氣消沉的自殺，結束了一代霸王的性命。

　　項羽死後，天下再無人可以與劉邦抗衡，劉邦登上大富翁寶座，開創了一個長達四百年的漢朝。

秦漢魏晉南北朝大富翁

4. 漢武帝與匈奴

　　劉邦當上大富翁之後，他的家人子孫警惕著秦朝失敗的教訓，不能讓老百姓成天做苦工，因此能不打仗就不打仗，能多節儉就多節儉。劉邦的兒子漢文帝與孫子漢景帝當皇帝的時候，百姓們種田養家，糧食多到倉庫放不下，被稱為「文景之治」。

　　雖然如此，北方的匈奴卻對漢朝造成了很大的困擾。匈奴生活在北方草原上，那裡冬天天寒地凍，為了過冬，匈奴人時常南下搶劫漢朝。由於漢朝極力避免戰爭，因此一再容忍匈奴搶劫，甚至雙手奉上金銀財寶，將劉家公主嫁給匈奴大王，稱之為「和親」，小心翼翼的維護天下和平。

漢初形勢

匈奴

河南地　代　燕
趙　齊
梁　楚
淮陽
長安　淮
吳
南
長沙　閩越
南越

皇帝直接統治
諸侯王國

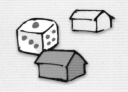
　　然而用屈辱換和平，漢景帝的兒子漢武帝卻不願意忍受。漢武帝是一個聰明有想法，而且非常積極進取的人，他決定要跟匈奴好好打一仗，一方面解決匈奴老是南下搶劫的問題，另一方面也為祖先們的屈辱報仇。

　　漢武帝開始派遣大軍攻打匈奴，把國界往北邊、西北邊擴張，讓中國大富翁地圖深入到草原、沙漠地帶去。漢武帝手下也確實出了不少能征善戰的將軍，每次出擊，都讓匈奴膽戰心驚。

二　超級大富翁

比如說才氣縱橫的李廣，武功高強，勇猛而大膽。有次李廣出門打獵，把石頭看成老虎，一箭射去，箭頭竟然射入石頭裡。這樣的射箭工夫可說是天下無雙，匈奴人因此稱呼李廣為漢朝的「飛將軍」。

像李廣這樣勇猛的邊郡戰士，組成了當時漢朝最精銳的軍隊。但李廣一生與匈奴打了七十幾仗，卻始終沒有立下大功。為什麼呢？李廣雖然勇猛無敵，但他長年在邊疆作戰，沒有在皇帝身邊討好巴結，偏偏漢武帝特別愛用親近的人當元帥，這便讓李廣少了許多帶領軍隊出征立功的機會。

命運

李　廣

李廣出身於將軍世家，祖先是秦始皇的大將李信。年輕的時候，漢文帝不願意打仗，便說李廣生不逢時，要是生在漢高祖打天下的年代，肯定被封為萬戶侯。

多年來李廣一直無法立功，有次他奉命出征，漢武帝覺得李廣這個人很倒楣，不讓他當先鋒，要求李廣繞遠路支援其他部隊。結果李廣竟然在沙漠中迷路了。想到自己戎馬一生，老了還要被指責迷路延誤軍機，李廣於是羞憤自殺了。

機會

衛青出征匈奴

前127年

獲土地1000點、
耗費國庫5000萬錢

霍去病出征匈奴

前121年

獲土地2000點、
耗費國庫5000萬錢

　　征討匈奴立功最多的將軍，肯定是衛青與霍去病了。衛青是皇后的弟弟，因此獲得機會出征匈奴；霍去病叫衛青「舅舅」，也算是漢武帝的親戚。

　　雖然如此，衛青、霍去病打起仗來可不含糊！兩人率領軍隊深入草原數千里，把匈奴人趕得遠遠的。匈奴人聞風喪膽，還傳唱了一首歌謠：「害我們失去了祁連山，我們的牲畜們都無法繁衍了啊！」

機會

衛家姊弟

　　衛家姊弟衛子夫、衛青兩人，原本都是侍奉漢武帝他姊姊「平陽公主」的奴僕。由於出身卑賤，姊弟小時候過得很悲慘。但有一次漢武帝來拜訪平陽公主，看上了公主家的漂亮婢女衛子夫，便把姊弟倆帶入皇宮。

　　衛青把握住機會，漢武帝第一次討伐匈奴，全軍只有衛青凱旋歸來。再加上衛子夫因為生下了太子，被漢武帝立為皇后，衛家因此平步青雲，大富大貴。

衛青、霍去病大破匈奴		失去大將霍去病病死
前119年	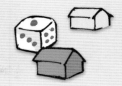	前117年
獲土地7000點、耗費國庫5000萬錢		損失權力1000點

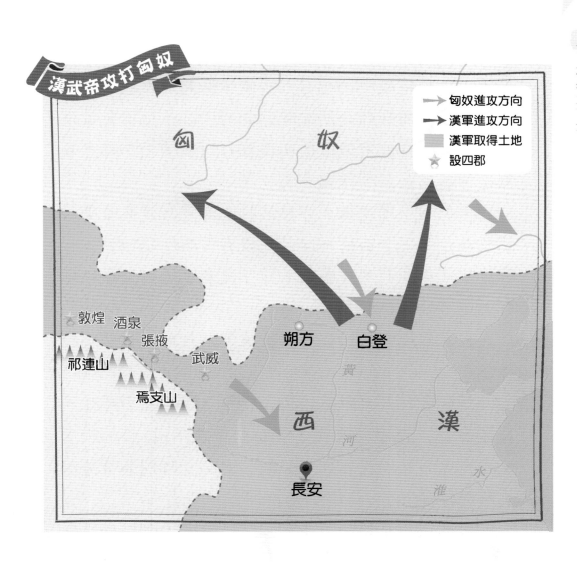

漢武帝攻打匈奴

匈　奴

→	匈奴進攻方向
→	漢軍進攻方向
▨	漢軍取得土地
★	設四郡

敦煌　酒泉
張掖
祁連山
武威
焉支山

朔方　白登

黃河

西　漢

淮水

長安

雖然有衛青、霍去病這樣厲害的大將，但漢武帝派遣出征的親戚中，也有個叫做李廣利的草包。

李廣利的妹妹是漢武帝寵愛的小妾，他因此被漢武帝任命前往非常遙遠的西域攻打「大宛」國，奪取這個國家著名的汗血寶馬。

李廣利率軍遠征，卻無法打敗大宛，漢武帝覺得很沒面子，下令西征軍隊若是沒有獲勝就跑回來，一律處死。李廣利無可奈何，領了更多軍隊與糧草繼續打，這才苦戰獲勝。

後來李廣利又出征匈奴，被匈奴打敗，竟然就投降了。

漢武帝打匈奴雖然擴張了疆土，鞏固了國防，贏了面子。但年年征戰，不但把早些年囤積的糧食吃光光，而且人民百姓又回到了秦始皇時期那種流離失所的慘況。

李廣利兵敗投降讓漢武帝深切反省，發現如此任性的作為實在對不起人民，再加上不久前發生了巫蠱之禍，漢武帝於是公開表達歉意。漢武帝的悔悟拯救了漢朝，劉家大富翁的傳承還可以繼續下去。

秦漢魏晉南北朝大富翁

命運 巫蠱之禍	李廣利戰敗 投降匈奴	漢武帝道歉	漢昭帝即位
前91年	前90年	前89年	前87年
損失權力5000點	耗費國庫4000萬錢、損失權力4000點	暫停一回合	獲權力500點

二 超級大富翁

巫蠱之禍

　　衛子夫為漢武帝生下了兒子，被立為太子之後，過了許多年，有個小人得罪了太子，怕太子當上皇帝後會找他算帳，便趁漢武帝出門時，陷害太子在房間用巫術要害漢武帝。太子帶人把造謠的小人殺了，沒想到漢武帝卻誤以為太子要造反，便派兵攻打太子。最後皇后衛子夫與太子都自殺了，長安也死了好多人，等漢武帝查明真相之後，已經後悔都來不及了。

絲路與漢代的阿兵哥

　　漢武帝當上皇帝之後，為了能夠早日擊敗匈奴，在出兵前就陸續做了很多準備。聽說西方有個國家叫做「月ㄖㄨˋ氏ㄓ」，因為地盤被匈奴搶走，跟匈奴是世仇死敵，因此在衛青北征匈奴之前，漢武帝便先派張騫ㄑㄧㄢ前往西方，聯絡月氏這個國家。

　　當時中國的西方是一片蠻荒之地，張騫歷經千辛萬苦，終於在十幾年後走到了遙遠的月氏國。月氏國國王卻說：「我們雖然失去了舊地盤，但這片新地盤卻非常肥沃，我已經不想報仇了。」

　　任務雖然失敗了，但張騫一路上經過了許多國家，看到了許多從沒見過的珍奇寶貝，有一些據說是來自更遙遠的地方。除此之外，張騫也跟這些國家炫耀漢朝的富庶ㄕㄨˋ與強大，這些國家也因此想去漢朝見識見識。

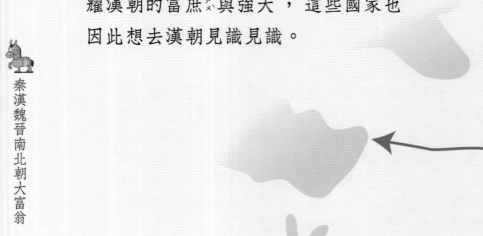

由於張騫所前往的地方在中國的西方，因此這片地盤被稱為「西域」。張騫回國之後，西域的國家紛紛派遣使者，帶著他們國家的土產，沿著張騫所走過的路徑來到漢朝。漢武帝非常高興，回送了許多珍寶與絲綢，讓他們帶回西域。

漢朝的珍寶被西域商人轉賣到更遙遠的西方去，其中又以絲綢最受歡迎，讓商人賺了好幾十倍的錢。商人們也把許多中國沒有的新奇商品帶去中國，比如說葡萄與胡蘿蔔，就是從西域傳進中國的。

從此之後，張騫所走過的這條路，變成商人們的必經之路，由於絲綢是其中最重要的商品，因此這條路被稱為「絲路」。

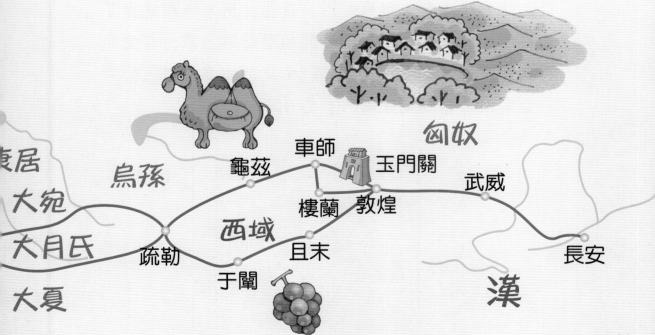

西域的眾多國家原本都臣服於匈奴，但是在張騫開通道路之後，這些國家紛紛轉而投靠擁有更多富庶財寶的漢朝。為了鞏固這些盟友，避免匈奴人跟西域國家聯合起來，漢武帝於是沿著絲路往西邊修築長城。不但派遣軍隊前往駐守，更招募百姓到邊郡開墾，與阿兵哥們一起種田。

　　由於那些蠻荒之地陸續住進了許多阿兵哥、商人以及前往開墾的老百姓，久而久之，漸漸變成了漢朝的都市。由於有這些人的努力與開墾，後來終於成功的把匈奴與西域國家切開來，達成了張騫所沒有完成的任務。

　　為了對抗匈奴，漢朝付出了許多代價，漢武帝甚至為此公開道歉。但也是因為這些付出，漢朝建立了許多制度，擴張了地盤，還開通了絲路，國力與文化都日漸強盛。「漢朝」的「漢」，終於成為中國人的另一個名稱，也就是「漢人」的「漢」。

秦漢魏晉南北朝大富翁

漢朝的阿兵哥

漢朝規定，每個男生長大之後，都必須要在邊疆當兵一年，然後在首都長安當皇帝的衛兵一年。當兵非常辛苦，除了要訓練打仗的技巧之外，沒有戰爭的時候還要種田，不然會沒飯吃。此外，古人絕大多數都不識字，為了看懂長官的命令，去邊疆當兵的阿兵哥，還必須在訓練的空檔學寫字。

雖然不是每個阿兵哥都很用功學寫字，但如果男人在當兵的時候有好好學習，等他們當完一年兵，回到家鄉的時候，可能就是家鄉少數可以寫字讀書的人囉！

漢朝人學寫字

漢朝人寫文章是寫在竹片或木片上，稱之為「簡」；把一根根的「簡」用繩子串起來，就變成了「冊」，大家看「冊」這個字像不像被繩子串起來的樣子呢？

寫文章的時候除了要準備毛筆之外，還要準備一把刀子，寫錯字的時候就用刀子把寫錯的地方削掉，就像橡皮擦一樣。如果只是練習寫字，就不浪費「簡」了，直接拿一根比較粗的木頭當習字簿，不但每一面都可以寫字，練習完一行之後，就整排削掉，再寫一行。削到沒地方削了，這才把木頭丟掉，再去撿一根木頭來寫。

三、天命在哪裡

5. 王莽與劉秀

　　漢武帝死後，即位的漢昭帝才八歲，雖然年紀小，卻十分聰明。有傳言說輔政大臣要謀反，漢昭帝很快就識破了，平息了一場可能發生的動亂。

　　漢昭帝英年早逝，並沒有兒子，大臣們最後決定擁立當年巫蠱之禍自殺太子的孫子為皇帝，也就是漢宣帝。由於祖父的關係，漢宣帝在民間長大，十分了解老百姓的生活，不但懲罰貪官污吏，更使匈奴臣服漢朝。

　　漢昭帝與漢宣帝都效法他們的祖先，盡量讓老百姓可以好好種田。有了漢武帝所擴大的大富翁地圖，加上兩位皇帝勤勞節儉，漢朝的國力來到了最高峰，被稱為「昭宣之治」。

　　宣帝的兒子是漢元帝，漢元帝的皇后叫做王政君，是一個聰明謹慎而且非常長壽的女人。王政君的兒子漢成帝繼位後，當上皇太后的王政君讓王家子弟個個都當大臣，掌握朝政大權，其中有個姪兒名叫王莽。

王莽特別會討好這位皇太后姑姑，知道姑姑不喜歡整天待在皇宮裡，便舉辦了太后慰問孤兒寡婦的官方活動，讓姑姑春夏秋冬都有機會出門旅行。

王莽不只討好姑姑而已，他從小便刻意的追求名聲。王家有錢有勢，個個驕傲奢侈，王莽好學節儉，贏得了外人的讚許；王家伯父生病，王莽勞心勞力，親自服侍，贏得了王家長輩的喜愛。

三　天命在哪裡

37

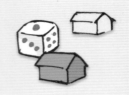

　　此外，王莽越是獲得封賞，便越是謙虛清廉，天下讀書人也因此特別愛戴他。

　　漢朝有個觀念，誰能坐上皇帝大富翁寶座，除了個人能力超群之外，重點在於上天是否給予這個人當皇帝的命，稱之為「天命」。由於漢朝日益衰弱，大家都在想：王莽如此優秀，是不是上天派來取代劉家「天命」的新皇帝呢？

　　在王莽的處心積慮與「天命」觀念的影響之下，王莽最後竟然獲得了劉家的「禪讓」，當上了皇帝！由於天命是新的，因此號稱為「新」朝。

機會

禪讓

　　漢朝取代秦朝代表了一件事：「天命」並沒有固定在某些人身上，而是會因為某些原因而改變。

　　漢朝人因此認為，如果皇帝做得不好，上天會再把天命收回去，另外派一個偉大的人來當皇帝，如果找到了這個偉大的人，為了避免戰爭，現任皇帝理當把皇帝的位置讓給他，稱為「禪讓」。這個觀念給了王莽機會。

機會

皇帝換人做

前進一格

王莽登基
改朝換代
8年
新朝獲權力10000點
王莽抵押漢朝剩餘土地，
獲5000萬錢

祥　瑞

　　古人認為，如果上天認可人間發生的事情，便會賜予吉祥的訊息，也就是「祥瑞」。

　　王莽除了塑造完美形象受大家喜愛之外，他還獲得了許多「祥瑞」。諸如出現全身羽毛都是白色的野雞，或是突然出現龍形的石頭之類的，甚至還有寫著王莽應該當皇帝的黃金匣子。

　　王莽當權時期的各種祥瑞加一加，竟然有好幾百個！其中大部分很有可能根本就是王莽與他手下偽造的。不論這些祥瑞是不是真的，漢朝人對於上天會降下旨意深信不疑，認為那就是王莽得「天命」的證據。

三　天命在哪裡

39

王莽討伐
匈奴失敗
11年

新朝損失權力3000點、
土地1000點

饑荒民變四起
17年

新朝損失權力5000點、
土地4000點

　　王莽既然是新朝皇帝，自然要推行各種新政策。
可惜他雖然人緣很好，懂得經營名聲，但施政卻是個
脫離現實的理想派。

　　王莽把原本用得好好的漢朝銅錢改成好幾百年前
的周朝錢幣，造成經濟大亂。

　　他把天下土地收歸國有，企圖恢復周朝的制度，
擁有田地的家族財主當然不服。

　　漢朝努力了幾百年，好不容易跟匈奴等外族和平
共處，王莽要求把外族大王都降級為諸侯，於是邊疆

秦漢魏晉南北朝大富翁

40

昆陽之戰
劉秀獲勝
23年

新朝損失土地6000點

大軍攻入長安
新朝滅亡
23年

王莽破產出局

GAME
OVER

又開始戰亂了。

再加上水患、旱災、饑荒接著來，王莽都無法好好處理，饑民們沒有飯吃，只好跑去當盜賊。

饑民盜賊原本都是臨時湊合起來的百姓，沒有人有本事當領導人，但漢朝有許多讀書做官的大家族，也紛紛起兵反對王莽，這些讀書人便成了饑民們的領導。在眾多反抗軍中，劉秀特別具有才能，而且他還是漢高祖劉邦的子孫。

王莽派大軍前往昆陽鎮壓反抗軍，劉秀的軍隊只有數千人，而新朝大軍卻有數十萬人，劉秀安撫將士，激勵士氣，以精兵三千突擊，竟然把新朝數十萬大軍一舉擊潰！

這一戰徹底消滅了王莽的軍隊。反抗軍後來分兵進攻皇宮，殺了王莽。王莽只當了十四年大富翁，新朝就結束了。

王莽死後，天下進入了大富翁爭奪戰。天下大亂，誰也不服誰，饑民盜賊到處搶劫糧食，劉秀軍隊紀律卻嚴明，因此逐一打敗了其他競爭者，劉家於是重新

| 劉秀登基
25年
漢朝獲權力10000點、取回漢朝被抵押土地 | 劉秀統一天下
36年
獲土地12000點、國庫5000萬錢 | 漢朝中興
權力滿格 |

奪回中國地圖上的大富翁優勝地位。

　　漢朝重新建立起來了，劉秀也當上了皇帝，被稱為「光武帝」。劉秀的首都不是設在長安，而是靠東方的洛陽，為了與劉邦所開創的漢朝有所區分，劉秀的漢朝因此被稱為「東漢」或「後漢」。

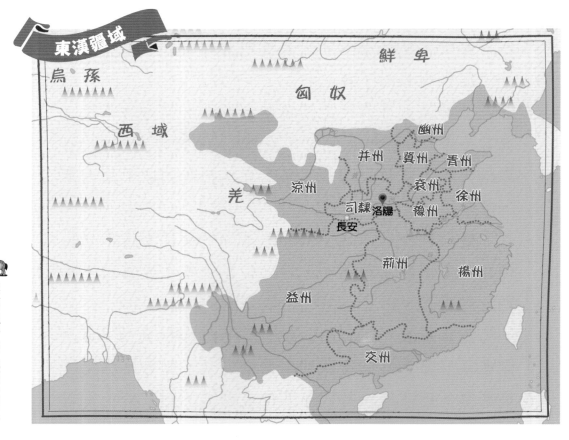

東漢疆域

鬼怪神仙與陰陽五行

　　道教的出現與中國古老的信仰有關。中國人認為，這世界上有鬼怪與神仙，他們擁有人類無法理解的法力，可以透過各種方式影響人們的生活，同樣的，人類也可以透過祭祀或作法，來向鬼怪神仙許願。

　　打個比方說，如果家裡無緣無故有人生病，或是天天做惡夢，古人第一個會想：是不是哪裡有鬼怪呢？這時候就要在家四周找找看，有沒有奇怪的狀況發生，比如說某一塊草地突然不長草了，或是小鳥、小狗突然大叫之類的。然後拿劍向某個方位猛刺，或把桃樹的木頭燒成灰灑到某個位置之類的。古人認為這樣就可以驅趕鬼怪，使人恢復健康。

　　現在看起來會覺得古人很迷信，但我們必須體諒他們，由於當時的科學與醫學都不發達，巫師必須為人們解答許多無法理解的，或者很少見的現象。有了破解的方法，人們才不會害怕。

　　也因為如此，漢朝的人非常相信鬼怪和神仙，在想像力的發揮下，不但人死後會變成鬼魂，動物可以變成妖怪，天地萬物如高山、森林、河川、峽谷、大風、大雨、雲霧、雷電等等，通通都有神明存在。在人們的心中，到處都有看不見的鬼怪神仙，天下地下都熱鬧無比。

在人們的心中，這麼多的鬼怪神仙，就像人間有皇帝跟官員一樣，鬼神們當然也要有最高級的大神才行。在古代，這個最高級的大神就是「天」。我們現在遇到特別的事會說：「我的老天爺啊！」可見「天」的信仰有多悠久。

由於天的力量十分強大，不但可以使農田長出作物，更可以颱風、下雨、地震摧毀家園，因此古人對天是又尊敬又害怕。漢朝人不但認為上天有能力可以降下災禍、賜與保祐，也認為天對待人們是有規則的，因此人們要盡量依照規則生活，其中兩個重要的規則就是「陰陽」與「五行」。

有陽光的地方就是 「陽」，陽光照不到的陰影就是「陰」。古人把「陰陽」擴大解釋，認為天下所有事情都可

女人快給我回家啦！

天要下雨，和我們有什麼關係？

以分為陰或陽，而且彼此之間都有關連。比方說他們認為女生是「陰」，男生是「陽」，如果上天連續下了好久的陰雨，農田裡的麥子都要淹死了，為了讓雨停，縣官就把所有的女人都趕回家不准出門，避免「陰」太過旺盛，害雨又繼續下個不停。

「五行」就是金、木、水、火、土，漢朝人把天下所有東西都用「五行」來歸類。比方說春天是花草樹木生長的季節，所以春天是「木」，木的顏色是綠色，因此春天來臨時要穿綠色的衣服，才是服從上天的指示。如果不乖乖聽話，偏要穿紅色會怎麼樣？那麼上天就會使草木枯死，出現災禍，嚴重的話甚至會讓整個國家都動盪不安。

漢朝人認為，透過陰陽、五行等規律，人們就可以明白上天以及各種神仙鬼怪的旨意，平平安安的過日子。若更進一步的修行各種法術，掌握更多上天的規律，還可以獲得鬼神的力量，為人治病，甚至修練成神仙。道教就是這麼發展出來的。

6. 黃巾之亂

　　劉秀將漢朝重新建立起來之後，他的兒子漢明帝以及孫子漢章帝都是非常勤奮處理國政的好皇帝，他們統治的時期被稱為「明章之治」。緊接著的漢和帝也是認真的人，東漢經過了幾代的經營，來到了全盛時期，內政外交都很有成就。

　　可惜的是，從漢和帝開始，東漢的皇帝個個都十分短命，也因此他們繼任的孩子年紀都很小。小朋友當皇帝的話，就會出現太后媽媽掌理朝政的情況，而太后生長於後宮，不認識外面的讀書人，只好把朝廷交給太后的爸爸或哥哥。於是從東漢中期開始，漢朝再度出現太后重用自家人的老問題。

　　王莽雖然心機很重，但至少表面上謙恭有禮，東漢的權臣們卻個個囂張跋扈，不但奢侈度日，還搶奪老百姓的財物。皇帝忍無可

開始

漢明帝即位
連續大豐收
57年
獲國庫3000萬錢、
土地5000點

漢章帝即位
國泰民安
75年
獲國庫5000萬錢

忍，只好聯合宮裡的宦官來除掉這些權臣，結果宦官們反而變成新的惡勢力。

宦官是住在皇宮裡服侍皇帝家人的奴僕，這些人掌權比太后親戚當權臣更糟，更不懂國家大事，老天爺又落井下石，水災、旱災、蝗災、瘟疫等等災禍接連著來，面對天災人禍與貪污腐敗，老百姓簡直活不下去。

**朝政腐敗
天災四起**
107年
損失權力3000點、
耗費國庫3000萬錢

**權臣宦官亂政
天災四起**
124年
損失權力3000點、
耗費國庫3000萬錢

漢靈帝即位
宦官亂政、天災四起
167年
損失權力5000點、
耗費國庫5000萬錢

命　運
張角創立
太平道
前進一格

黃巾之亂爆發
184年2月
損失權力10000點

　　朝廷亂七八糟怎麼辦？此時民間有一些道士，宣稱自己獲得了天神的力量，擁有可以治病的神力，他們把草藥跟各種符咒混在一起，也確實有些治病效果。道士以及他們的符咒，便逐漸形成了「道教」。

　　消息傳開之後，大家都來尋求醫治或參拜，道士要求來的人若有能力，必須繳交一定數量的米或其他物資，並且在道士的指揮下生活。在道士的領導下，不少老百姓因此度過了艱困的生活。

　　其中有一個道士名叫張角，他靠符咒治病醫治了許多人，老百姓因此把張角當作活神仙來膜拜。幾年下來，竟然累積了數十萬的信徒，這些信徒絕大多數都是因為天災人禍而流離失所的老百姓。

　　此時東漢的皇帝是漢靈帝，老百姓都快活不下去了，他與幾個寵幸的宦官還整天花天酒地。張角於是叫信徒們頭上綁上黃色頭巾，高喊「蒼天已經死了，黃色的天空要站起來了！」各地信徒群起造反，燒毀官府，搶奪富有人家的糧食財產。漢朝全國幾乎都陷入了戰爭之中，這次的動盪被稱為「黃巾之亂」。

秦漢魏晉南北朝大富翁

張 角

　　東漢末年由於常常有天災，很多人因此失去生命，朝廷又沒有做好衛生管理，導致瘟疫大爆發。

　　張角原本有機會成為救世英雄，可惜欠缺才能，讓黃巾軍毫無章法的四處搶劫，所謂「黃色的天空」，只能當三國英雄登場前的背景音樂了。

黃巾之亂

起事地點
黃巾軍活動範圍
其他反抗軍

幽州
冀州
并州
青州
鉅鹿
涼州
兗州
徐州
司隸　洛陽
豫州
荊州
揚州
益州

　　張角的黃巾信徒剛起兵時，聲勢浩大，但他們大多是沒有紀律與能力的百姓臨時湊在一起，張角也沒有明確的作戰策略，無法更好的帶領這些信徒群眾。

　　相反的，東漢還是有不少厲害將軍，如皇甫嵩等，一面照顧饑民，一面率軍將黃巾軍一一打退，雖然面對朝中奸臣的猜忌以及胡作非為，但還是順利

皇甫嵩出征
士氣大振
184年5月
獲權力2000點、
耗費國庫3000萬錢

機會
皇甫嵩
大破黃巾軍
184年10月
前進二格

機會

皇甫嵩

　　皇甫嵩是個有才能的將軍，他看黃巾軍晚上休息都用草屋露營，便趁晚上放火燒黃巾軍營，大破黃巾軍，威震天下。

　　曾經有人勸皇甫嵩奪取天下，自己當大富翁，但皇甫嵩十分謙虛自制，對漢朝忠心耿耿，可能也是因為如此，皇甫嵩在亂世中獲得天下人的愛戴。

的把黃巾之亂給大致平定了。

　　雖然如此，由於朝廷依舊貪污腐敗，百姓還是民不聊生，因此各地饑民、盜賊陸陸續續又以黃巾的名義起兵造反。

　　為了能夠快速平叛，朝廷讓各地方的長官可以合法擁有軍事武力，這長官便稱為「州牧」。州牧占地為王，互相爭奪地盤，歷史又進入了下一輪大富翁爭奪戰。

平定黃巾之亂

184年11月

獲權力5000點

黃巾再起
各地設置州牧

188年

損失權力5000點

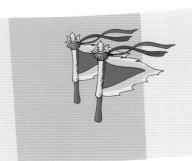

開始

四、占地為王

7. 曹操崛起

黃巾軍雖然是走投無路的饑民起來造反，但他們到處燒殺擄掠，因此不少英雄也挺身而出，保護那些安分過日子的老百姓。其中有個英雄，叫做曹操。

曹操是一個非常聰明而且機智的人，他的爸爸被宦官收養，由於宦官當權亂政，當時正直的人都很討厭宦官，曹操因此很怕被瞧不起。

曹操為了表示自己不是壞人，一方面建議朝廷多任用正直的人，另一方面強迫時常評論天下英雄的評論家許劭給他評價，來提高自己的名望。許劭不得已說：「你在太平盛世中是個能幹的臣子，在動盪亂世中則是個狡詐的英雄。」曹操哈哈大笑，認為許劭說得沒錯。

黃巾之亂爆發，曹操作戰有功，治理地方也井井有條。

此時發生了一件大事，由於宦官亂政，有大臣召喚將軍董卓來洛陽殺宦官，沒想到董卓來了之後作威作福，比宦官更可惡百倍！

命運

董 卓

董卓力氣很大且武功高強，長年在邊界與名為「羌ㄑㄧㄤ」的胡族結交，羌人對於董卓非常敬畏，漢朝也重用董卓鎮守邊疆，因此成為能同時率領漢人與羌人軍隊的大將。董卓帶兵進入洛陽，憑藉著軍事武力掌權，他的胡作非為也引起了天下人的不滿。

曹操號召大家一起討伐董卓，各地的地方長官紛紛響應，集結了「討伐董卓聯盟軍」，共推袁ㄩㄢˊ紹為盟主。董卓受到起義軍的壓力，被迫遷都長安，臨走前還放火燒了洛陽，財寶通通搜刮帶走。然而各路豪傑一心一意趁機擴張地盤，根本無心思作戰，討伐軍竟然就解散了。

四 占地為王

53

　　雖然討伐董卓的聯軍並沒有發揮作用，但董卓的大將呂布背叛，殺死了董卓，眾手下們內訌打來打去。

　　十五歲的小皇帝漢獻帝趁亂偷偷逃離長安，在亂世之中流浪了一整年。此時曹操決定保護漢獻帝，重新建立朝廷，各地忠於漢朝的賢臣們也都前來投靠。

　　曹操本來就很會打仗，加上「挾天子以令諸侯」，在亂世之中逐漸站穩腳步，此時，遇上了先前討伐軍的盟主袁紹。

　　袁紹是貴族公子，世代都是漢朝大官，一出生就擁有很高的名望與地位。討伐董卓聯盟軍解散之後，袁

東漢末地方割據

四 占地為王

紹在黃河北邊擴張地盤，是當時最強的豪傑。曹操崛起後，地盤與袁紹相接，因此袁紹不得不與曹操作戰。

雙方在官渡這個地方對陣。袁紹的地盤大，因此糧食充沛，可以供應更多的軍隊。曹操地盤小，糧食不足，因此士兵們都要餓肚子作戰，十分辛苦。

就在快要支持不住的時候，曹操得到消息，袁紹的糧食都堆放在一個叫做烏巢的地方，曹操於是帶著少少的軍隊前往偷襲，一把火把烏巢的糧食燒得乾乾淨淨。

袁紹的部下聽說曹操偷襲成功，心慌意亂，逃走的逃走，投降的投降，曹操乘勝追擊，消滅了袁紹，因此接管了他廣闊的地盤。

我肚子餓，你也別想吃飽！

55

	曹操統一華北 207年
劉備投靠劉表 201年 獲土地1500點	獲土地8000點
	機會 劉備三顧茅廬 前進二格
孫權繼承孫策 200年 獲土地5000點	江東局面漸穩固 獲權力5000點

官渡之戰後，曹操統一中國北方，成為實力最強的大富翁競爭者。為了當上大富翁，曹操揮軍南下，輕鬆解決了割據荊州的劉表家族，把矛頭指向了占據江東地區的孫權。

劉表是西漢景帝的後代，個性優柔寡斷沒有魄力。曹操率領大軍南征時，劉表生病過世，他的小兒子劉琮毫無抵抗的投降了。

然而劉表家有個遠房親戚來作客，名叫劉備，他也是漢景帝的後代。劉備不甘心歸順曹操，帶著數萬老百姓一起逃亡，希望可以獲得孫權的援助。

機會

三顧茅廬

劉備早年起兵對抗黃巾之亂，立下了戰功，但在群雄並起的亂世裡，卻到處流浪，居無定所。

劉備投奔劉表之後，聽說荊州有個被稱為「臥龍」的賢才，名叫諸葛亮，隱居於鄉下種田。劉備親自造訪諸葛亮的茅草屋，去了三次才見到他。諸葛亮加入之後，劉備的事業蒸蒸日上，獲得了不少地盤。

秦漢魏晉南北朝大富翁

曹操當丞相 208年
獲權力8000點

曹操南征，荊州投降 208年
獲土地8000點

劉備逃亡
損失土地1500點

孫權取得江夏
獲土地4000點

四　占地為王

孫權的爸爸孫堅與哥哥孫策，都是非常驍工幺勇善
戰的將軍，為孫權打下了江東地盤。然而孫堅與孫策
都英年早逝，孫策曾經對孫權說：「馳彳彳騁彳彳戰場，弟
弟你不如我，但若是任用賢才，我就不如弟弟你了。
爸爸與我創業艱難，希望你努力保住江東。」

　　曹操揮軍南下，諸葛亮代表劉備前來求援，孫權
想到哥哥的託付，決定與劉備聯盟，共同對抗曹操，
於是開啟了歷史上有名的赤壁之戰。

開始

8. 三分天下

　　曹操得到荊州後，獲得了不少糧食與武器，氣勢高漲。相反的，劉備一路夾著尾巴逃跑，幸好有手下趙雲、張飛等猛將保護，這才平安逃出，趕緊讓諸葛亮去談聯盟的事。

　　孫權的武功雖然不如他爸爸、哥哥那樣高強，但孫權非常聰明，知道什麼時候該做什麼事。曹操大軍南下，孫權不少手下都嚇傻了，勸孫權趕緊投降，但來求聯盟的諸葛亮卻對孫權說：

　　「曹操軍隊沒那麼可怕，第一，他們一路追擊我們，現在應該都快累死了。第二，曹軍都是北方人，不擅長打水戰，坐船肯定暈船。第三，如果曹操要過來打仗，肯定會用荊州原本的水軍，但荊州人對曹操並不服氣。我們同心協力，一定可以打敗曹操，到時候便可以三分天下了。」

　　孫權本來就不想投降，加上手下大將周瑜也支持作戰，於是決定要跟曹操決一死戰。

　　雙方戰船在「赤壁」這個地方，隔著長江對陣。曹操的軍隊怕暈船，就把戰艦通通連接在一起，這樣

四
占地為王

戰艦才不會在水上晃來晃去。周瑜於是派出火船，衝進曹操艦隊裡放火，這一燒不得了，熊熊烈火一艘接一艘的燒過去，從船上燒到岸上，士兵與戰馬跳進水裡，溺死了一大堆。

吃了大敗仗之外，曹操帶來的北方士兵們也紛紛水土不服，爆發了嚴重的傳染病，士兵一個一個病死，曹操只好撤回北方。

從此之後，曹操再也沒機會帶領大軍南下，統一天下當大富翁的願望也就無法達成了。

荊州
損失土地8000點

劉備攻占荊州 210年
獲土地8000點

曹操任魏王 216年
獲權力6000點

劉備攻占益州 214年
獲土地7000點

　　赤壁之戰後，劉備卯起來擴張地盤，在孫權的同意下，占領了荊州的大部分，後來又奪取了益州，與曹操、孫權三強鼎ㄉㄧㄥ立。

　　劉備勢力越來越大，還一直霸占著荊州，這點讓孫權很不滿。當時幫劉備鎮守荊州的是大將關羽，孫權於是趁著關羽攻打曹操的時候，派呂蒙偷襲荊州，不但打敗了關羽，搶得了荊州，更使關羽在撤退的路上陣亡。

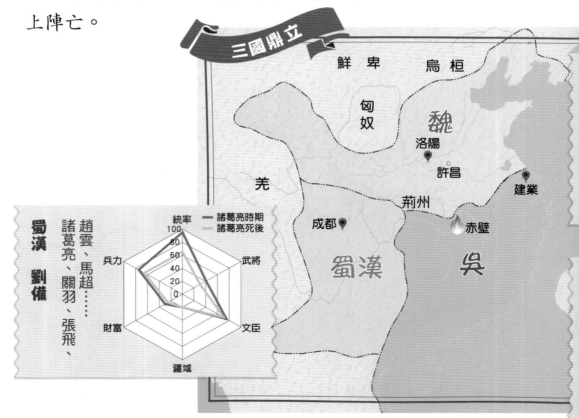

荊州
損失土地8000點、
權力2000點

呂蒙偷襲荊州 219年
獲土地8000點

命運
曹操過世，
漢獻帝讓位
220年
漢朝出局
GAME OVER

曹丕建魏國
獲權力10000點

劉備建蜀漢 221年
獲權力7000點

四 占地為王

　　不久之後，曹操過世了，他的兒子曹丕ㄆ逼迫漢獻帝退位，同時將皇帝的名號禪讓給自己，國號改為「魏ㄟ」，曹丕被稱為「魏文帝」。東漢王朝到此滅亡。

　　劉備聽說曹丕篡ㄘㄨㄢ位，為了維持「漢朝」的名號，也登基為皇帝。由於劉備的主要地盤為益州的「蜀」地，因此他所建立的漢朝被稱為「蜀漢」。

張遼、鍾會……

陸遜、甘寧……

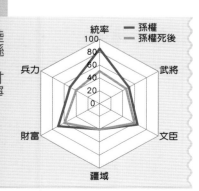

命運

漢獻帝

　　漢獻帝名叫劉協，他一出生就面對政治鬥爭，權臣先擁立了他哥哥當皇帝，不久之後，董卓又擅自改立劉協為皇帝。之後劉協投靠曹操，被當了二十幾年的傀ㄎㄨㄟ儡ㄌㄟˇ，再被曹丕逼迫禪讓。

　　劉協多次想要反抗命運，最後卻難逃亡國之君的稱呼，這或許真的是天意吧！

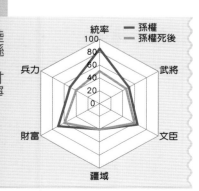

命運　張飛被殺 221年
損失權力5000點

孫權稱臣
獲權力3000點

劉備東征
221～222年

關羽與張飛

命運

　　劉備的好兄弟——關羽與張飛，兩個人都是被稱為「萬人敵」的超級猛將。然而這兩人卻各有一些缺點：關羽文武全才，愛護士兵，但驕傲自大，瞧不起其他讀書人，因此兵敗被殺；張飛則相反，他雖然尊敬讀書人，卻對士兵十分粗暴，因此在劉備東征之前被身邊的小兵暗殺。這兩個猛將的命運，多少與個性有關啊！

　　劉備當了皇帝之後，便急急忙忙的率領精銳軍隊東征，想要奪回荊州，為關羽報仇。孫權見苗頭不對，先向曹丕表示臣服，承認魏的皇帝地位，然後派出陸遜率軍應戰。

　　陸遜採取防守策略，與劉備軍隊僵持了好幾個月，等到劉備的士兵們又累又煩躁時，陸遜便放火燒劉備軍營，同時發動總攻擊。劉備兵敗如山倒，逃到白帝城後，一病不起，臨死前只能請諸葛亮好好輔佐他的兒子。

曹丕病逝 226年
損失權力5000點

（敗）耗損國庫8000萬錢
劉備過世 223年 暫停一回合

（勝）**戰後再次結盟，共同抗魏**

孫權稱帝，建吳國 229年
獲權力8000點

幾年之後，曹丕過世，他的兒子曹叡即位。又過了幾年，孫權也登基當皇帝，國號為「吳」。

在三國英雄之中，曹操能力最為優秀，因此能成為中原霸主；孫權年輕有為，繼承了父親與兄長的事業立足江東；劉備禮賢下士，也能帶兵打仗，在諸葛亮的協助之下，奪下不少地盤，與曹操、孫權三強同場競爭，中國地圖上因此同時出現了三個大富翁，進入三國時代。

9. 諸葛亮的北伐

　　劉備東征孫權卻失敗病死，剛剛成立的蜀漢因此出現大危機。身為丞相的諸葛亮臨危受命，輔佐太子劉禪即位之後，先與孫權重修舊好，然後親自率軍討伐叛亂的蠻夷，終於穩住三國鼎立的形勢。

　　三國之中，蜀漢的地盤最小，也最貧窮，但在諸葛亮的治理之下，內政井井有條，還訓練出一批精實的軍隊。

　　諸葛亮明白，蜀漢成立來自於許多人對於漢朝的懷念，而且越是弱小，就越必須積極努力，因此他親自上前線率軍對魏國作戰，開始了連續數年的北伐。

命運

諸葛亮

　　諸葛亮可以說是中國歷史上最受歡迎的軍師，為了復興漢朝勞心勞力，一點私心都沒有，甚至因為太過辛苦而病死，人說「鞠躬盡瘁，死而後已」便是指諸葛亮。

　　可惜在關羽失去荊州之後，蜀漢實在太弱小了，就算諸葛亮再怎麼努力，都無法避免蜀漢被消滅的命運。

命運

諸葛亮輔佐
劉禪
獲權力2000點、
前進一格

第一次北伐
228年

勝

敗 損失土地3000點、
耗費國庫5000萬錢

獲土地3000點

成功抵擋魏軍 228年
前進一格

孫權建吳國 229年
獲權力8000點

　　諸葛亮第一次北伐聲勢驚人，連續攻占了好幾個城池，魏國皇帝曹叡趕緊跑到長安坐鎮。可惜諸葛亮的愛將馬謖在重要的攻防戰中打了敗仗，使諸葛亮又被迫放棄所有占領的地盤。

　　此後諸葛亮又多次北伐，當時魏國負責迎擊諸葛亮的將軍叫司馬懿。

　　司馬懿明白蜀漢地盤小，糧食少，諸葛亮帶這麼多阿兵哥北伐，時間久了一定沒飯吃，因此採取堅守不作戰的策略，要讓諸葛亮的軍隊因為餓肚子而退兵。

忙死我了！

魏		機會 司馬懿政變 249年 魏損失權力10000點	司馬家族掌權 魏損失權力5000點
蜀	諸葛亮病逝 234年 損失權力5000點		
吳	宮廷內鬥，爭做繼承人 失去權力2000點		孫權病逝 252年 損失權力4000點

諸葛亮也不是省油的燈，乾脆率領阿兵哥們在前線種田，解決缺糧的問題；同時又寫信給孫權，邀請他從東方一起進攻魏國。

面對孫權與諸葛亮的同時進攻，曹叡不慌不忙，親自在東方前線作戰，打敗孫權。司馬懿則依舊不論諸葛亮怎麼引誘，魏軍都不跟諸葛亮交戰。

諸葛亮由於過度操勞，竟然一病不起，臨死之前交代，退兵時如果司馬懿趁機偷襲，就假裝要進攻魏國嚇嚇對方。諸葛亮猜得沒錯，之後司馬懿以為諸葛亮是裝死，果然被嚇跑了。

打我呀！打我呀！

哼！我才不會中計呢！

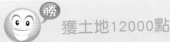

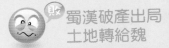

司馬昭滅蜀漢
263年

勝 獲土地12000點

敗 蜀漢破產出局，土地轉給魏

GAME OVER

內鬥不斷，國勢衰弱
損失權力2000點

司馬懿成功抵禦了蜀漢三番兩次的進攻，在魏國聲望越來越高。加上司馬懿很長壽，兩個兒子司馬師、司馬昭都很能幹，父子三人漸漸掌握了魏國的大權。

諸葛亮雖然過世了，但他為蜀漢留下了不少正直的大臣，加上豐富的儲蓄與清廉的官府，使得看起來很弱小的蜀漢，實際上卻不好欺負。在諸葛亮死後，蜀漢又維持了三十年之久。可惜正直的大臣們陸續過世，蜀漢皇帝劉禪開始讓宦官掌權，政務就亂了。北方的魏國此時由司馬昭掌權，派兵攻打蜀漢，劉禪投降，蜀漢就此滅亡了。

四 占地為王

機會

司馬懿

司馬懿年輕時就是曹操的屬下，對魏國的成立很有貢獻。由於功勞很大，司馬懿被其他權臣嫉妒，他於是與兩個兒子發動政變，殺掉所有姓曹的權臣，從此由司馬家掌權。

從東漢到魏國，再到晉朝，兩次改朝換代都有司馬懿的影響，說他是貫穿三國時代最重要的人物也不為過。

　　司馬昭原本期待可以統一中國當上大富翁，不過他消滅蜀漢之後沒多久就病死了。司馬昭的兒子司馬炎於是仿效當年曹丕的故事，逼迫當時魏國皇帝曹奐禪讓，建立了晉朝，被稱為「晉武帝」。

　　司馬炎當上皇帝之後，為了完成父親與祖父的夢想，積極的準備進攻吳國。

　　吳國這時的國君是孫權的孫子，名叫孫皓。孫皓是個殘暴的君主，用酷刑亂殺大臣。司馬炎南征兵分多路，成功滅掉吳國，統一中國，成為新一代的大富翁。

司馬炎建晉朝
265年
獲權力10000點

司馬炎滅吳國
280年

獲權力10000點、
吳所有土地
勝

吳出局，
土地轉給晉
敗

GAME OVER

三國時代
結束！

晉吳對峙

鮮卑

匈奴

羌

氏

晉

洛陽

建業

吳

富翁董事會

秦始皇當大富翁的時候，占地盤就是派出軍隊打下地盤，接收人民與土地，然後就可以抽稅徵兵，並不怎麼複雜。但後來要當大富翁，不只是打下地盤而已，還要獲得地盤上各大家族的支持，才能從家族手上獲得稅收與士兵。

為什麼會有這種變化呢？這要從漢武帝「尊儒」講起。所謂的「儒」，就是接受孔子理念，學習古書的讀書人。漢武帝為了讓政府官員更有學問一些，就在長安建立了學校，表現好的學生可以直接當官。

由於學校只教孔子所傳授的幾本古書，特別尊重讀書人，因此稱為「尊儒」。尊儒政策延續了兩千年，影響非常的大。

董仲舒與尊儒

董仲舒是中國最重要的讀書人之一，尊儒就是出自於他的建議。在尊儒之前，官員大多從最小的小官開始做起，有了功勞就能升官。因此官員都很有做事經驗，卻沒有機會讀書。董仲舒提出兩個辦法來尊儒，除了創辦學校之外，也讓有道德的讀書人能更快的升官，鼓勵小官除了累積功勞之外，還能多多實踐孔子理念，孝順父母，用功讀書。

尊儒之後，讀書人紛紛出來做官，做了官之後，家境改善了，就把多餘的錢拿來買田。本來就有田地的有錢人，當然也培養孩子上學讀書，然後進入朝廷當官。

讀書可以當官，當官可以買田，然後又培養孩子讀書、當官。如此一來，一個家族會出現好幾個當官的讀書人，田地也會越來越多，可以養活更多家人。由於讀書人又稱為「士」，因此這樣的家族就稱為「士族」。

想想看，如果政府裡的官員們，通通都來自於士族，他們有地、有錢，而且還有最好的人才，那麼要當上大富翁，是不是一定要先獲得士族的支持呢？

好好讀書才能做大官，賺大錢嘖！

在東漢末年的亂世中，士族除了讀書、當官之外，也要保護家鄉的田地，若有盜賊來襲，士族家長就會聚集家中壯丁以及附近的百姓，共同抵禦盜賊，如此一來，士族也就擁有了數百人的小軍隊。

如果好幾家士族聯合起來，各自出一些錢糧與士兵，來支持一個英雄豪傑打天下，那麼士族們像不像大公司裡面的董事會？士族是出錢贊助的股東，而他們集資所支持的豪傑，就是公司的董事長，如果董事長很厲害，當上大富翁，那士族全家就通通都可以當大官了。

例如平定黃巾之亂的皇甫嵩，以及曹操的死對頭袁紹，兩個人都是貴公子，家族裡出了許多大官。曹操本身不是大族，但他的董事會很強，如司馬懿，他家從曾祖父開始便是東漢的大官，司馬懿有兄弟八人，號稱「八達」，個個都是人才，也都在魏國當大官。

孫權家族雖然稱不上大族，但卻獲得了東吳其他大族的支持。如指揮軍隊在赤壁打退曹操的周瑜，家族從東漢章帝時期就當大官了；打敗劉備的陸遜更出身於南方著名的大家族之一。

劉備著名的軍師諸葛亮也是士族公子。東漢末年諸葛家族人才輩出，各方陣營都來爭取加盟，除了諸葛亮之外，諸葛亮的哥哥是孫權手下的重要謀士，諸葛亮的堂弟則受到曹操重用。

士族改變了英雄競爭大富翁的部分遊戲規則，各士族之間也會彼此競爭，後來甚至排出了等級，高級的士族還會瞧不起低賤的家族。原本是家族培育優秀人才去當大官，久了之後，卻變成大官都必須從這些大姓家族裡挑選，優不優秀反而不重要了。

九品官人法

漢朝要求各地每年要挑選優秀的賢才，送到朝廷當官。然而怎麼樣的人才是賢才呢？一開始是依靠「名聲」，後來發現許多人名氣很大，能力卻很差。曹魏時設置了專門評價賢才的官，並且把人才分為九個等級，依等級選人當官，最優秀的是上品，最差的則是下品，稱為「九品官人法」。這個制度被士族利用，評價賢才變成以家世背景為標準，結果變成上品人才的都來自士族，是不是人才還是與能力無關。

五、群雄大亂鬥

10. 司馬家族大內訌

晉朝的開國君主司馬炎雖然當上了大富翁，但他的能力與遠見實在稱不上卓越，既不如漢光武帝劉秀，也比不上劉邦與秦始皇。

雖然司馬炎能力不算優秀，但他有個好處，為人十分寬厚，不輕易殺人，因此統一天下的晉朝迎接了難得的和平時光，人民安居樂業，進入了十年的盛世。

儘管如此，當時社會上還是有不少問題存在著。士族中的人大多愛護名聲，甚至為了擁有好名聲，已經到達了虛偽的地步。比方說父母過世，不但要停止所有玩樂，趕緊回家痛哭流涕，最好是哭到不吃不喝好幾天，才能獲得大家稱讚他「孝順」。

一些真性情的人實在無法忍受這種虛偽、騙人的作法。有個詩人名叫阮籍，他的母親過世時，他正在跟朋友下棋，朋友要求別下了，阮籍反而堅持把棋下完，還一邊下棋一邊喝酒。阮籍其實是個非常孝順的人，棋下完之後，他才放聲大哭。母親喪禮期間，

五
群雄大亂鬥

阮籍一邊吃肉喝酒，一邊哀傷難過，母親下葬時，阮籍悲傷到吐血，整個人更是瘦弱到好像快死了，跟其他人辦喪禮完全不一樣，卻更顯得真誠。

阮籍有六個好朋友，時常在竹林聚會，他們被稱為「竹林七賢」。在大家都虛情假意，裝模作樣的追求名聲時，像竹林七賢這樣的人顯得十分怪異，但大家反而因此反省自己是否真心待人。

命運

嵇康

嵇康也是「竹林七賢」的成員，當時曹魏由司馬昭掌權，司馬昭本來想邀請嵇康出來做官，但嵇康熱愛音樂，喜歡自由自在而厭惡官場的虛偽，拒絕了這個邀請。司馬昭怕嵇康的名聲會妨害司馬家的野心，決定把嵇康處死。嵇康臨死前用高明的技巧演奏了古琴，並且感嘆：「從此之後，我的琴藝就要失傳了啊！」

　　晉朝最大的問題，在於司馬家族的人，個個都有軍隊。當年曹家的皇帝遇到危難時，曹家的家人們都沒有能力來拯救，這才輕易的被司馬家給取代；司馬炎心想，如果有一天司馬家也遭遇危險，家人們一定要有護衛的能力才行。因此司馬炎讓家人們通通封大王，率領軍隊分散在各個軍事要地。

　　司馬炎過世之後，即位的是晉惠帝司馬衷。晉惠帝是個著名的昏君，非常的蠢笨，卻娶了一個霸道又愛管事的皇后，名叫賈南風。賈南風為了在權力鬥爭中獲得勝利，便叫司馬家的大王帶軍隊進來助陣。

秦漢魏晉南北朝大富翁

機會 張華施計 除掉楚王 291年 獲權力1000點	趙王想當皇帝 三王討伐 300～301年 損失權力3000點	齊王被打敗 長沙王掌權 302年 損失權力2000點

這麼一來不得了，每個有軍隊的大王都想進京城奪權，每個想奪權的人都找有軍隊的大王助陣。一下子皇后賈南風引楚王進京，一下子趙王進京廢掉皇后，甚至想當皇帝，又引來三個大王率軍攻打。就這樣打來打去，打了十幾年，又恢復天下大亂的局面。由於主要率領軍隊打仗的大王有八個，這場亂事便稱為「八王之亂」。

當年秦始皇為了避免戰爭，因此不封自己的兒子當大王，把所有的軍隊都集中到皇帝手上。司馬炎讓

機會

張華

晉朝被賈南風與諸位大王弄得烏煙瘴氣，卻還能維持十幾年，是因為有張華努力維持。當年晉武帝猶豫要不要討伐東吳時，張華力勸晉武帝南征，因此才統一天下。晉惠帝時，張華以智謀殺掉了囂張的楚王，使局勢能稍微穩定一些。張華不但是西晉重要的政治家，也是當時著名的詩人，可惜最後還是死於八王的內鬥之中。

群王混戰
東海王掌權
303～305年
損失權力3000點

命 運
東海王殺惠帝
八王之亂結束
306年
暫停一回合

家人們通通擁有軍隊，結果使辛苦完成統一的晉朝又再度回到亂世。該怎麼處理軍隊以及太子之外的兒子，是中國歷代皇帝們一個很困難的課題。

大王們為了爭權連年打仗，朝廷連老百姓遇到饑荒與瘟疫都不管了。為了找東西吃，百姓不得不群起離開家鄉，此時有一些住在中國地盤裡的外族人，他們體力強健，個性豪邁，或者領導著這些百姓遷徙覓食，或者率領族人們起兵造反。

八王之亂

河間王司馬顒
趙王司馬倫
齊王司馬冏
東海王司馬越
洛陽
楚王司馬瑋
汝南王司馬亮
成都王司馬穎
長沙王司馬乂

匈奴人攻洛陽懷帝被捉 311年	匈奴人攻長安西晉滅亡 316年	GAME OVER
損失權力6000點損失土地8000點	出局，土地留一半給東晉	

　　八王之亂後，這些外族人便滅亡晉朝，統一只維持了短短的三十七年，各地英雄又起來搶地盤了。

東海王司馬越

命運

　　八王之亂的最終獲勝者是東海王司馬越，雖然他結束了諸王混戰的局面，但他掌權之後，亂殺大臣，大家都對他很不滿。東海王於是用出征外族的名義，把守護洛陽的軍隊通通帶走，號召大家一起對抗外族，但根本沒人理他。結果在一片指責聲中，東海王憂鬱害怕的病死了。東海王死掉後，他所率領的軍隊被外族人殲滅，導致晉朝再也沒有軍隊可以作戰，西晉因此沒多久就滅亡了。

11. 五胡亂華

　　古代沒有什麼國界，分辨漢人與外族人最簡單的方法，是看你怎麼過生活。如果你在古代中國的北方旅行，看到一群人在種田，那些人大概就是漢人；如果你遇到另外一群人，他們正在草原上牧羊，那麼他們大概是外族人，比方說之前說過的匈奴人。

　　漢武帝雖然發動戰爭把匈奴人趕走，但北方草原總是會有人回來牧羊，一直打仗也不是辦法。到了東漢時代，有人想出一個妙招：如果匈奴人投降，就讓他們搬進中國的地盤裡當漢人的保全。如果又有別的匈奴人，或其他生活在草原的民族要來搶劫，這些投降的匈奴人就負責把他們打跑。

　　如此一來，中國人就不用打仗，而投降的匈奴人來到土地比較肥沃的中國，也不用煩惱冬天吃飯的問題，真是一舉數得啊！

　　東漢、曹魏、晉朝對付所有的外族人都用這一招，漸漸的，中國的西方與北方，搬進來住的外族人越來越多，什麼種族都有，這些外族人可以合稱為「五胡」。

| 匈奴人劉淵
當漢王
304年
前進一格 | 劉淵當皇帝
國號「漢」
308年
獲權力4000點 |

匈奴人是很早就搬進中國地盤的外族人之一，由於他們的大王長期與漢朝的皇帝家庭通婚，因此匈奴王也用「劉」作為自己的姓氏，表示自己有劉家血統。

既然住在中國的地盤裡，姓劉的匈奴人也開始學著讀中國書，於是便出現了文武雙全的匈奴王子劉淵。

晉朝統一天下後，劉淵當上了匈奴統帥，同時也被晉朝任命為將軍。他制訂了公正的法律，獲得了眾人的愛戴，連漢人士族都對他十分佩服。

81

劉淵占地盤
包圍洛陽

309年

獲土地5000點

劉聰攻洛陽
永嘉之禍

311年

獲土地6000點

八王之亂時，匈奴人趁亂推舉劉淵為大王，劉淵以祖先與漢朝通婚的緣故，自稱「漢王」，脫離了晉朝的控制。

經過一番開疆拓土，劉淵占據了不少北方地盤，登基為皇帝，且命令兒子劉聰進攻洛陽。後來雖然晉朝暫時守住了，卻也危在旦夕。

劉淵不久病死，劉聰繼任之後，繼續進攻洛陽。這回晉朝沒法守住了，軍隊接連敗退。匈奴人攻破洛陽後，晉懷帝被俘虜，劉聰放縱部下到處搶劫，燒殺擄掠，洛陽一片哀嚎。這場亂世悲劇，後來被稱為「永嘉之禍」。

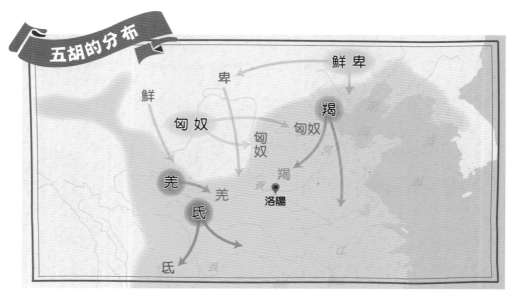

五胡的分布

劉聰用不同方法
管理胡人、漢人
314年

獲權力3000點

劉聰滅西晉
316年

獲士地4000點

五　群雄大亂鬥

　　被俘虜的晉懷帝被送到劉聰那裡去，劉聰召開了宴會，故意叫晉懷帝當倒酒的僕人，與晉懷帝一起被俘虜的大臣們因此痛哭流涕，讓劉聰非常不高興。劉聰又聽說這些俘虜還有反抗的打算，乾脆把晉懷帝等俘虜通通都殺了。

　　晉懷帝死後，其他晉朝大臣擁立了晉愍帝，但苟延殘喘了一陣子，既沒有軍隊也沒有糧食，晉朝皇帝逼不得已投降，劉聰同樣先讓他當僕人才殺了他，統一的晉朝從此滅亡。

　　匈奴人雖然驍勇善戰，其中也有不少讀過書的人，但畢竟欠缺治理天下的經驗。劉淵、劉聰的王國之後沒多久就出現內鬥，其他民族也紛紛起兵搶地盤，整天打來殺去。

　　中國北方因此陷入了長達一百多年的戰亂之中，前前後後至少有十六個國家成立了又被消滅了，這就是所謂的「五胡亂華」。

　　由於五胡亂華的關係，北方大量的士族攜家帶眷逃到南方，這些搬家的士族被稱為「僑姓」，而原本就居住在南方東吳地區的士族，則被稱為「吳姓」。

漢改國號為趙（前趙） 319年
前趙獲權力3000點

羯人建後趙 330年
後趙獲權力2000點

命運 祖逖北伐 317年
暫停一回合

機會 王導來幫忙
前進一格

司馬睿建「東晉」 318年
獲權力5000點

僑姓士族中，有些人努力北伐，企圖趕走那些外族人，比方說祖逖；有些人則在「建康」這個地方擁立了司馬家族的司馬睿當皇帝，延續晉朝的統治，比方說王導。為了表示區隔，之前統一的晉朝被稱為「西晉」，司馬睿的晉朝被稱為「東晉」，而司馬睿被稱為「晉元帝」。

命運

聞雞起舞的祖逖

祖逖年輕時立志要做一番事業，有次天還沒亮雞就叫了，祖逖說：「別人認為半夜雞叫不吉祥，但這明明就是叫我們趕緊起來練武啊！」於是起床認真舞劍練習。

胡人大鬧中原時，祖逖招募士兵收復了大片的地盤，但司馬睿卻只想鞏固東晉朝廷，不但不支持祖逖，還派人阻撓。祖逖因此病倒，他死掉之後，所收復的地盤又再度被胡人占據。

此後，中國地圖長期分為南北兩方，北方的胡人彼此混戰，南方的東晉也時常有士族內鬥。不論南北，都沒有真正能奪取大富翁寶座的英雄出現，這場亂世，或者說這場超多玩家的大富翁競賽，將持續足足兩百八十年之久。

氐人建前秦 351年
前秦獲權力2000點

鮮卑人建前燕 352年
前燕獲權力2000點

王敦之亂 322～324年
損失權力2000點

大家族合作，穩定政局
獲權力2000點

機會

王　導

　　西晉還沒滅亡時，王導察覺到天下即將大亂，便勸司馬睿要好好經營南方。當時南方的吳姓士族並不怎麼重視司馬睿，王導於是趁著某次節慶，請司馬睿乘坐轎子出巡，並讓幾個大士族騎馬跟在後面，形成大隊人馬。

　　吳姓士族見識到司馬睿的人脈與威嚴之後，這才臣服。王導也請求司馬睿重用吳姓士族，讓士族們更加團結，為東晉的成立奠定基礎。

來來來，大家有錢出錢，有力出力，幫幫這位小兄弟！

85

六、南方英雄

12. 淝水之戰

在百姓到處流亡的北方亂世之中，有個名叫「氐」的民族，他們的酋長趁機收攏這些流浪的百姓，一邊累積實力，一邊觀望其他胡人的鬥爭。

由於氐族主要占據的地盤是古代秦國的關中，因此便以「秦」為名號建立國家，被稱為「前秦」。

經過了幾任皇帝，度過了內訌與戰亂，前秦終於在關中穩住了陣腳。此時出現了一個名叫苻堅的君主，不但聰明博學，又能接納賢才，前秦因此日漸強大。而輔佐苻堅最重要的謀臣，是一個名叫王猛的漢人。

王猛很有學問又喜歡閱讀兵法，年輕時隱居於山中，等待他願意追隨的明主。之前東晉權臣桓溫率軍北伐，王猛跑去找桓溫，指出桓溫這次出征所犯的錯，後來桓溫果然被迫退兵。桓溫回東晉地盤之前，特地去邀請王猛與他一起南下，還送給了他車輛與馬匹，但是王猛認為自己在北方也可以獲得重用，因此拒絕了桓溫。

秦漢魏晉南北朝大富翁

苻堅當前秦皇帝 357年
前秦獲權力3000點

王猛作丞相 372年
前秦前進一格

桓溫北伐 354、356、369年
獲土地3000點，下一回合喪失

桓溫權力大
損失權力2000點

　　幾年後，王猛與苻堅相遇，兩人就像當年劉備遇上諸葛亮一樣契合，王猛立刻就獲得了重用。在王猛的幫助之下，前秦的國政蒸蒸日上，逐步消滅了北方各國，成功統一北方。

　　此時王猛卻病倒了，臨死之前，王猛對苻堅說：「千萬不要急著對東晉用兵，鮮卑這些胡人才是我們的敵人，一定要想辦法除去才能安定國家啊！」

　　然而苻堅一心一意想要統一天下，嚐嚐當大富翁的滋味，不聽王猛的勸告，幾年後，發動大軍南征東晉。

北方	王猛去世 375年 前秦暫停一回合		前秦統一北方 376年 前秦獲權力5000點、土地10000點
南方（東晉）	桓溫去世，謝安當家 373年 獲權力3000點		**機會** 建立北府兵 377年 獲權力3000點

　　東晉此時的主政者名叫謝安，是一個非常冷靜而有智慧的人。幾年前桓溫立下不少戰功當權時，囂張跋扈的想逼迫司馬家族禪讓給他，幸好謝安從容應付桓姓家族，這才保住了東晉的穩定。

　　符堅統一北方之後，謝安積極防備前秦可能發動戰爭，一方面讓桓家人掌管長江上游的荊州，另一方面則命姪兒謝玄鎮守長江下游的軍事要地。謝玄訓練出一支超級精兵「北府兵」，提拔了劉牢之等大將，不負叔叔的託付，連續大破前秦的軍隊，抵擋住了前秦的第一波攻勢。

機會

北府兵

　　「北府」是東晉首都建康東北方的一個軍事重鎮，由於北方戰亂，百姓們舉家逃亡南下，無法渡過長江的就聚集在這附近。貧窮的老百姓在戰亂中逃亡，能夠活下來的都是身體比較健壯的。謝玄從中挑選勇士，訓練他們打仗，組成了一支天下無敵的北府兵。北府兵在後來的歷史舞臺上，扮演著重要的角色。

命運

符堅南征
383年2月
前秦前進一格

淝水之戰
383年11月

命運

符堅

王猛過世之後，幾個胡人大將不斷遊說符堅南征，符堅也越來越驕傲自滿。有人說：「東晉有長江保護，沒那麼容易消滅啊！」符堅回答：「長江算什麼？叫百萬大軍人人把馬鞭丟進去，足以截斷長江的流水！」淝水之戰後，當年慫恿符堅南征的那些胡人將領，卻趁機殺了符堅，跑回老家起兵復國。符堅不聽王猛的遺言，難怪會失敗啊！

符堅親自率領百萬大軍南征，謝安命令謝玄出征，於是謝玄率領八萬北府兵與符堅隔著淝水對陣。

符堅的百萬大軍還沒全部集結完畢，謝玄便提前讓先鋒渡河，擊退了符堅的前線部隊，同時讓人混進符堅的後方部隊中，大喊大叫造謠：「秦軍敗退啦！快逃啊！」

咦？不是才正要開始打嗎？

輸了！
逃命啦！

前秦大軍搞不清楚狀況，加上北府兵強悍無敵，百萬大軍竟然因此四散逃竄，混亂中符堅中箭受傷，逃出了亂軍，這場戰爭東晉大獲全勝。

打敗仗的符堅雖然逃了回去，但當年他一一收服的胡人，果然如王猛所預料的一一反叛。符堅在戰亂中被部下所殺，北方又回到了胡人混戰的局面。

淝水之戰後，雖然謝安、謝玄等謝家子弟的戰功無人可比，但是謝安為了安撫桓家，維持東晉的團結，主動放棄獲得更多權力的機會。

有了穩定的朝政，謝玄便率領劉牢之等北府兵北伐，一路占領了大量的地盤，甚至一度跨過黃河。

好景不長，聲勢高漲的謝家還是引起了其他人猜忌，謝安主動交出權力，謝玄的北伐也由進攻轉為防守。不久之後，謝安病死，交出兵權的謝玄沒幾年也過世了。

少了謝安的冷靜與協調，東晉政局很快就出現變化。

符堅被羌人將領殺掉 385年
前秦二回合後出局

羌人建後秦 386年
後秦獲權力4000點

東晉北伐 384年
獲土地4000點

皇帝的弟弟掌權 385年
損失權力4000點

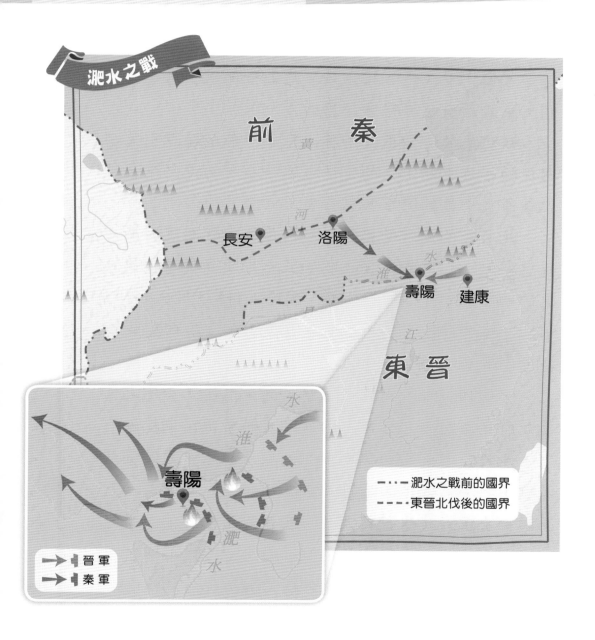

淝水之戰

前　秦

黃　河

長安　　洛陽

淮　水

壽陽　建康

東　晉

長　江

壽陽

淝　水

晉　軍
秦　軍

淮　水

-·-·- 淝水之戰前的國界
- - - 東晉北伐後的國界

13. 劉裕與南朝

　　淝水之戰後，雖然謝安一再忍讓，想要維持東晉穩定，但謝安一死，權臣又氣焰高張的跳出來爭權奪利，東晉政府被弄得貪污腐敗。

　　此時民間有個出身士族，信奉道教的孫恩出來號召反抗，與東漢末年的黃巾之亂一樣，孫恩一下子就累積了數十萬的大軍，聲勢驚人。

　　北府兵的劉牢之出兵鎮壓，很快的把孫恩打敗。孫恩率領軍隊逃到海上小島，三番兩次的從海上進攻東晉。此時劉牢之手下有個將軍名叫劉裕，用兵如神，屢次帶兵打敗孫恩，最後逼迫孫恩在海島自殺。劉裕因此聲名遠播。

　　東晉朝廷中的權臣依舊整天鬥來鬥去，劉牢之掌握北府兵，在不同權臣間選邊站，時常陣前倒戈。

　　此時最囂張的權臣是桓溫的兒子桓玄，司馬家族派劉牢之去討伐他，劉牢之卻突然背叛司馬家族，反而讓桓玄攻入建康把持朝政。桓玄逼迫當時的東晉皇帝禪讓給他，得意洋洋的坐上皇帝寶座，國號為「楚」。

孫恩之亂	桓玄稱帝	劉裕打敗桓玄
399～402年	403年	404年
損失權力3000點	損失權力5000點	獲權力2000點

雖然劉牢之率軍隊投靠，但桓玄並不信任他，因此劉牢之又想要起兵反抗桓玄。北府兵的部將們指責劉牢之反覆叛變，不再聽劉牢之指揮，轉而支持劉裕的領導。劉牢之眾叛親離，最後自殺而死。

掌握北府兵的劉裕於是率軍進攻桓玄，大獲全勝，桓玄當皇帝不到一年，就被劉裕殺了。劉裕迎接東晉皇帝回朝，並消滅了所有的桓家勢力。

六
南方英雄

93

南燕滅亡 410年		後秦興盛
南燕出局		後秦獲權力5000點

↑

劉裕北伐	盧循之亂
409～410年	410～411年
獲土地4000點	暫停一回合

　　當年東晉的成立，依靠的是司馬家族與其他士族們分享權力，猶如大富翁與底下的董事會一樣。司馬家族與士族一方面團結抵抗胡人，另一方面又爭奪著權力。

　　劉裕消滅桓玄之後，不但長期鬥爭奪權的士族家庭被消滅了，司馬家族的地位也因為桓玄而一落千丈。劉裕是小老百姓出身，反而成了東晉末年最大的當權者。

　　劉裕身邊有一個重要的謀士，名叫劉穆之。劉穆之也是平民出身，與劉裕一樣，厭惡士族家庭仗勢欺人的情況，因此與劉裕制訂了許多新的法令，限制士族各種囂張跋扈的行為，贏得了百姓的愛戴。

　　劉裕非常信任劉穆之，由於有劉穆之為他處理各種朝中大小事，劉裕展開了轟轟烈烈的北伐事業。

　　當時的北方依舊是胡人混戰的情況，劉裕由東面進攻，消滅占據黃河下游一個胡人國家南燕，順利的收下了黃河南方的所有地盤。此時聽說東晉又發生了民變，孫恩的舊部下盧循捲土重來，劉裕趕緊帶著

秦漢魏晉南北朝大富翁

後秦滅亡 417年
後秦出局

劉裕再次北伐
416~417年
獲土地6000點

劉裕回建康
417年
前進一格

軍隊回來，奮戰打退盧循，再一路追擊，逼死了盧循。

平定內亂後，劉裕再度北伐，這次的目標是西北方的關中。北府兵先打下洛陽，又占領長安，再度滅掉了北方另一個國家後秦。此時劉裕的威望已經無與倫比，正要以關中為基地，繼續掃蕩其他胡人，進一步統一天下時，卻傳來了劉穆之病死的消息。

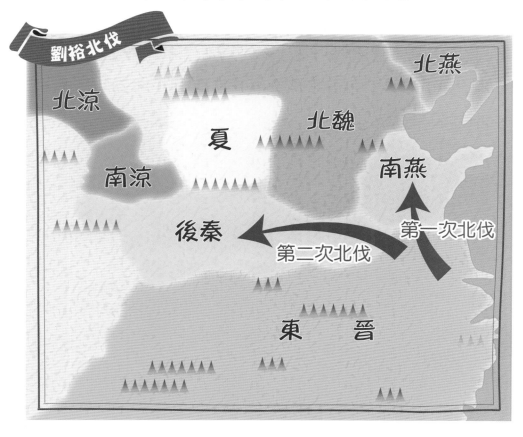

劉裕北伐

北涼

北燕

夏

北魏

南涼

南燕

後秦

第一次北伐

第二次北伐

東 晉

夏國匈奴人占關中 418年 夏獲土地3000點	夏國很厲害 夏獲權力6000點	
北府兵戰敗 418年 損失土地3000點、 權力3000點	皇帝禪讓 420年 破產出局， 土地轉給劉宋	GAME OVER

劉裕原本期待能在統一天下之後，再光明正大的要求東晉皇帝禪讓，當上大富翁優勝者。然而劉穆之一死，他怕南方士族們又會搞出什麼花樣來，於是決定率軍回朝。劉裕一走，北方的夏國又趁機奪回了關中，留守的北府兵精銳吃了一場大敗仗，幾乎全軍覆沒，東晉末年威風無比的北府兵就此消失了。

劉裕統一無望，還是要求東晉皇帝禪讓，自己登基為皇帝，國號為「宋」，被稱為「宋武帝」。不久之後，北方的鮮卑英雄崛起，再度統一了北方，與劉裕南北對峙。

機會

元嘉之治

劉裕的兒子劉義隆就是後人所說的宋文帝。宋文帝繼承父親儉樸的性格，減少賦稅，戒除奢侈，萬不得已必須戰爭，也盡量不讓老百姓出錢。如此努力了快三十年，終於讓百姓享受難得的和平時光，人人安居樂業，被稱為「元嘉之治」。然而和平太久，軍人都不知道怎麼打仗了，後來宋文帝出兵北伐，不但勞民傷財，還打了大敗仗，這盛世就結束了。

北涼滅西涼 421年
暫停一回合

南朝
開始

劉 宋

劉裕當皇帝，建「宋」
420年
獲權力20000點

機
會　元嘉之治
獲國庫5000萬錢

這樣的對峙將會持續一百多年，後來人們把南方的朝廷稱為「南朝」，劉裕的宋朝於是被稱為「南朝宋」。北方則是「北朝」，歷史進入了「南北朝時代」。

看風景比上班有意思多了！

謝靈運

謝靈運是謝玄的孫子，有非凡的文學才華，是當時最著名的大詩人。然而謝家後來被其他權臣排擠，謝靈運認為自己不受重用，時常抱怨，動不動就曠職不上班，跑去遊山玩水。謝靈運生活奢侈，時常發動家奴數百人，建造美麗的山湖景色讓他遊玩。

南方士族幾乎個個都像謝靈運這般過生活，欠缺奮發向上的精神，南方因此日漸墮落，越來越少談論北伐統一的大業了。

97

名士們的清談

　　漢朝時，為了獲得更多的賢才來幫忙治理國家，各地的長官每年都要推薦人給朝廷。誰能獲得推薦呢？大多是「名士」，也就是有「名聲」的士人。然而有「名聲」未必就有「才能」，這點不只讓朝廷十分困擾，有真才實料的士人也不喜歡那些以欺騙手段獲得名聲的人。因此，士人們開始自己評價同時代的名人，甚至出現了特別厲害的專業評論家。分辨「名聲」真假只是評論家最基本的工作，還要進一步分析這個人擅長什麼，可以勝任什麼工作，或當官當得好不好。

　　這種評論人物的風氣，甚至漸漸變成了士人們的休閒活動。士人們沒事聚在一起，喝酒聊天，說說某某名士讀了哪些書啊！能力如何啊！可以擔任什麼工作啊！……之類的。評論別人的人，當然也會變成別人評論的對象，獲得很好的評論，也是名士名聲的來源呢！也因為這樣，曹操才要強迫許劭給自己評價啊！

　　問題在於，東漢末年以後，天下越來越亂。在北方，由於胡人們只會打仗，因此擁有治國才能的名士會被胡人們尊重；在南方就不

秦漢魏晉南北朝大富翁

秦漢魏晉南北朝大富翁

一樣了，不論是皇帝還是權臣，當然覺得自己最有才能，他們可不喜歡別人來說三道四，不少名士竟然因為太有才能而被殺害！能夠喝酒聊天評論別人的名士，幾乎都出身於富貴的士族家庭，因此名士的名聲可不是只用在自己身上，還關係到家族的聲望。

這下子換名士們困擾了，想維持名聲，卻又不想引來殺身之禍，該怎麼辦？

為了解決這個困擾，原本應該追求「治國才能」的名士，漸漸變成了重視「個人才藝」，免得引起朝廷不滿。名士們開始遊山玩水，吟詩作對，而且認真的學習彈琴、下棋、書法、繪畫，甚至非常注重自己的外貌。聚會喝酒聊天時，還是會評論人物，可是評論的標準從適合什麼樣的職位，變成了詩寫得好不好啊！書法寫得好不好啊！

長得帥不帥啊！……之類的。

魏晉時期的南方名士越來越重視這種聊天說話的場合，除了談別的名士之外，也談天地之中各式各樣的道理。他們發現，一定要多讀書，才有本事跟別人聊天，說話的內容才能說服別人。如果可以把很難的書讀懂，就可以在聊天中壓倒別人，因此聊天的過程甚至變成了一種比賽遊戲。兩個要談論的人面對面坐下來，一個先發表意見，另一個則要盡量反駁他，如果兩個人都很有名，那麼還會有很多觀眾旁聽，就像現在的辯論比賽一樣，非常精彩。

　　這種名士之間的聊天談論，就是「清談」。

何晏與王弼

　　何晏是曹魏時期著名的大才子，同時也是十分擅長清談的名士，到他家聽他講話的客人，常常多到坐滿客廳。當時有個天才少年名叫王弼，也到了何晏家。何晏聽聞王弼天才的名聲，便拿出他最擅長的道理，對王弼說：「我認為我這樣說已經非常完美了，你還有辦法反駁嗎？」王弼不但反駁了何晏的話，甚至又代替何晏反駁了自己，這樣自己和自己辯論好幾次。所有客人都十分佩服，而何晏也自嘆不如。

「清談」風氣中的士人，大多很會讀書，很多才藝，很會說話，個個相貌堂堂，風采迷人，可惜就是不會治理百姓，更不會帶兵打仗。不過話說回來，就是因為有這些高談闊論的南方名士，中國的書法、文學、繪畫都大大的進步了，很多看不懂的古書，也都在一次又一次的討論之中被讀懂了。從前因為尊儒，大家為了做官，都只讀發揚孔子理念的書。但現在只要身為士族就有官做，讀書不是為了做官，而是為了跟別人聊天，因此什麼書都要讀。名士們雖然不會治國打仗，但學問卻比從前更好。

　　總而言之，雖然「清談」使得南方變得在武力上無法與北方抗衡，但中國文化卻獲得了巨大的發展。

劉義慶的《世說新語》

　　劉義慶是劉裕的姪子，在南朝宋非常受到重用，他也十分爭氣，不但個性謙虛而儉樸，在地方的政績不錯，而且愛好文學，對名士們相當友善。劉義慶常常召集學者，收集資料編成書，比如說《世說新語》這本書，就蒐集了非常多有趣的名士故事，幾乎可以說是一本「清談大全」。我們現在能夠知道名士們的風采，要感謝劉義慶幫我們把這些故事蒐集起來。

開始

七、北方豪傑

14. 鮮卑英雄與北朝

　　鮮卑與匈奴一樣，都住在中國北方的草原，生活習慣也差不多，只不過鮮卑族住得更遠一些。

　　匈奴被漢朝人打敗之後，大部分的匈奴人放棄地盤逃走了，鮮卑人於是占據了中國北方所有適合放牧牛羊的草原。

　　鮮卑族本來人口很少，但占據了匈奴草原之後，漸漸也強盛了起來。東漢末年鮮卑出了一個大英雄名叫檀石槐，兇悍又有謀略，把原本各自放牧的鮮卑族統一起來，時常率領族人南下中國搶劫。

　　東漢皇帝派住在中國境內的匈奴人去攻打檀石槐，反而被檀石槐打敗，漢人幾乎全軍覆沒，鮮卑人聲勢大振。不過檀石槐死掉之後，鮮卑族的統一就結束了，各族各自推舉酋長，有些繼續搶劫中國，有些選擇跟漢人合作。

　　五胡亂華時，鮮卑族也大舉南下，在中國北方建立了許多國家，其中以「慕容」與「拓跋」兩家族

秦漢魏晉南北朝大富翁

| 拓跋家族 建代國 315年 拓跋獲土地4000點 | | 慕容家族 建燕國 337年 慕容獲土地4000點 |

影響比較大。

慕容一族主要占據著中國東北方的地盤。西晉的時候，慕容一族與鮮卑的另外一個家族「宇文」一族搶地盤，為了獲得勝利，慕容家族的酋長決定與漢人結盟。

有一天，慕容家酋長去見西晉駐守邊疆的將軍，特地換上漢人的服裝表示禮貌，但是漢人將軍卻招來了軍隊，想要嚇唬慕容家的酋長。

酋長看到這個情況，又換回原本的胡人服裝，對漢人將軍說：「主人用這種態度對待客人，一點禮貌也沒有，那我又何必講究禮儀？」漢人將軍十分慚愧，對慕容家族更敬重了。

慕容家族學習漢人的各種文化制度，獲得了漢人的支持，因此打敗了宇文家族。

慕容家族後來建立了「燕」國，有一段時間在中國北方與前秦爭霸，國勢很強。可惜家族出現內訌，燕國皇帝猜忌家族中的大將「慕容垂」，逼得慕容垂投奔前秦，因此被前秦苻堅打敗滅國了。

淝水之戰後，北方一片混亂，慕容垂趁機復興燕國，接連打敗了許多對手，此時鮮卑族的拓跋家族也日漸興盛，與燕國爭奪地盤。

慕容垂

命運

慕容垂是鮮卑慕容家族中最優秀的人才，不但能征善戰，而且十分長壽。在苻堅統一北方之前，東晉的桓溫北伐，氣勢驚人，大家都十分害怕。幸好慕容垂指揮燕軍作戰，接連擊敗了桓溫的北伐軍，將桓溫打回南方去。

立下大功的慕容垂卻因受到猜忌而被迫離開燕國，之後他所復興的後燕國卻又被北魏打敗。慕容垂可以說是鮮卑的悲劇英雄，見證了慕容家族的興衰。

秦漢魏晉南北朝大富翁

命運

慕容垂建後燕

384年

慕容獲土地5000點

拓跋珪建北魏

386年

拓跋獲土地4000點

北魏

　　拓跋一族主要占據中國北方的草原地盤，當慕容家族的燕國與前秦爭霸時，拓跋家族也在草原上建立了國家，可惜沒多久也因為內訌，被前秦苻堅趁機消滅。

　　拓跋家族有個小朋友，名叫「拓跋珪」，拓跋家的家臣們向苻堅求情說：「讓拓跋珪留在北方吧！他長大成人後，必然成為家族首領，到時候一定會感恩服從。」苻堅同意了。

　　留在北方的拓跋珪年紀雖小，卻勵精圖治，把分散的鮮卑族人們團結起來。數年後拓跋珪長大成人，前秦卻因為淝水之戰而瓦解，所以他趁機復國，國號為「魏」。為了跟三國時代的魏有所區分，拓跋家族的魏被稱為「北魏」。

機會 **參合陂之戰** 395年 慕容給拓跋 土地4000點	**拓跋珪當皇帝** 398年 拓跋獲權力3000點	**後燕內訌滅亡** 407年 慕容出局

北魏建國之後，四周都是胡人強國，拓跋珪四方征戰，開疆拓土，平息內亂，與燕國漸漸走上了爭霸的道路。

燕國在慕容垂的治理之下，國力有席捲北方的威勢。與北魏決裂之後，慕容垂派兒子慕容寶進攻北魏，卻在「參合陂」這個地方吃了場大敗仗，此後燕國就走下坡了。

後來拓跋珪登基稱帝，被稱為「北魏道武帝」，正式加入了大富翁競爭者的行列。

機會

參合陂之戰

　　慕容寶進攻北魏時，拓跋珪不斷散播慕容垂已死的假消息，使燕軍軍心動搖，迫使慕容寶退兵。燕軍撤退之後，拓跋珪率軍日夜趕路追擊，奇襲成功，屠殺了數萬燕軍士兵。

　　隔年，年老的慕容垂親自率軍來報仇，經過參合陂時，看到堆積如山的燕軍士兵屍骨，傷心無比，竟然一病不起，死在軍中。

秦漢魏晉南北朝大富翁

北魏、劉宋
打來打去
422、430年
劉宋給拓跋
土地2000點

北魏統一北方
439年

北朝
開始

拓跋獲權力5000點、
土地8000點

北魏在拓跋珪過世之後，繼任的君主依舊十分優秀，持續開疆拓土，甚至奪取了不少南方土地。拓跋珪的孫子拓跋燾，被稱為「北魏太武帝」，尤其英明神武，將北方殘餘的國家一一消滅，繼前秦苻堅之後，再度統一了北方。此時是劉裕建立南朝宋的十五年後，北魏成為「北朝」的第一個國家。

北魏與劉宋

北魏
● 平城

● 建康
宋

15. 北魏的漢化

　　從西晉滅亡以來，北方的胡人們整天打打殺殺，多半依靠強大的武力來建立國家，真正能愛護不同族群的人民，建立文化制度的君主少之又少。

　　憑藉武力而興起的國家由於欠缺人民的支持，因此很容易被另一個更強的武力所消滅。

　　北魏也不例外，從拓跋珪到拓跋燾，雖然君主十分英明，但以武立國的本質並沒有改變。

　　隨著北魏開疆拓土，地盤裡除了鮮卑人，也包含了胡人各族與漢人，其中漢人的生活與胡人差別非常大，北魏君主不得不開始研究如何治理國家。

　　離開草原，來到南方生活的胡人，要學習漢人的學問與生活方式，這叫做「漢化」。

　　同樣的，由於北方長期被胡人統治，漢人也必須學習胡人的生活方式，這叫做「胡化」。

　　為了治理國家，北魏君主找上了胡化的漢人士族，如北方大族崔家便與鮮卑人合作，幫助鮮卑人統治漢人。漢人士族除了進入北魏當官之外，皇帝也有娶漢人為妻的，比如說馮ㄥ太后。

命運 崔浩被殺 450年
暫停一回合

劉宋元嘉之治

北魏、劉宋
打仗
450、452年

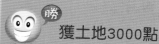
勝 獲土地3000點

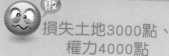
敗 損失土地3000點、
權力4000點

七 北方豪傑

崔 浩　　　　　　命運

　　北魏太武帝拓跋燾在位的時候，崔浩以漢人的學問，幫助北魏統一了北方。

　　崔浩出身北方大族，他在北魏當官，心中常常希望可以提高士族地位，認為要重用讀書人，北魏才會成為彬_{ㄅ一ㄣ}彬有禮的國家。

　　這個想法大大貶低了鮮卑人的地位，崔浩最後因此慘遭殺害，北方幾個漢人士族也受到牽連。崔浩被殺之後，北方的漢人士族受到壓抑，直到孝文帝即位才有所改善。

漢化　　胡化

109

| 馮太后打倒權臣
女人當家 466年
獲權力3000點 | 孝文帝即位
馮太后幫忙 471年
前進一格 | |
| 大王們打來打去
471年
損失權力5000點 | 小皇帝禪讓
479年
破產出局，土地轉給南齊 | GAME OVE |

　　馮太后聰明好學，曾經幫助北魏除去權臣，使孫子孝文帝拓跋宏能順利即位。她在孝文帝年紀還很小時主持北魏政務，建立了不少實在好用的政治制度。

　　由於馮太后的影響，孝文帝長大之後，便深刻的體會到，若要讓北魏更強大，鮮卑人非得更加漢化不可。然而對於那些上戰場打仗的將軍以及士兵來說，打仗立功才是真本事啊！在學校講講道理就可以當大官，地位甚至比浴血奮戰的鮮卑勇士還高，這種事情他們完全無法接受。

機會

均田制

　　因為戰亂，北方常常有良田沒人耕作，馮太后聽了漢人的建議，推行了「均田制」。規定北魏的人民只要長大成人，不論男、女、奴隸，通通都可以擁有田地。

　　如此一來，有錢人家都會跟朝廷報告家裡有多少奴隸，而遷徙流浪的老百姓，也會自動跟朝廷登記要田。北魏因此正確的掌握了全國的人口，知道該怎麼收稅，是非常厲害的政策。中國後來由北方人當上大富翁，「均田制」的推動有很大的功勞。

由於這些人的反對，孝文帝感到相當苦惱，跟他們講道理是行不通的，於是孝文帝想到了一條妙計。

孝文帝決定離開原本的北方都城「平城」，搬家到洛陽去，一方面那裡是漢人的文化大城，另一方面也可以遠離那些兇悍的鮮卑戰士。然而又不能公開的說要搬家，因為這樣連搬家都會被阻撓了。孝文帝於是宣布：「全國總動員，要向南方進攻了！」

三十萬大軍帶著家人與家當動身南下，當他們浩浩蕩蕩的走到洛陽時，大家都疲累不堪，勸諫不可以繼續南征。此時孝文帝就說：「既然如此，我們就住在洛陽吧！」

改穿漢人衣服	禁鮮卑語，改說漢語
494年	495年
獲權力1000點	獲權力1000點

怕大王搶皇位，齊明帝大開殺戒 494～498年
暫停二回合

強迫族人搬家，遠離了駐守邊疆的反對漢化派，孝文帝開始了他的漢化改革。

他首先規定所有鮮卑人都要穿漢人服飾，講漢人語言；其次鼓勵鮮卑人與漢人結婚；最後則是改姓氏，比如說皇帝家本姓「拓跋」，一看就知道是胡人，現在改姓漢人姓氏「元」，其他家族也都要改成漢人

北魏與齊

六鎮

北魏

平城

洛陽

建康

齊

今天開始我就叫「元宏」！

改用漢人姓氏
496年
獲權力1000點

太子不愛漢化，逃跑被廢
496年
暫停一回合

壞皇帝繼位，國家更衰弱 498年
損失權力5000點

的姓氏。

除此之外，孝文帝也開設學校，尊崇孔子，並重用學問好的讀書人。

在一連串的改革之下，搬家到南方的鮮卑人與漢人漸漸分不出來，他們不但講漢語、穿漢服，甚至也學習漢人區分士族等級！南朝的士人本來都瞧不起胡人，然而來到北魏拜訪後，都不得不稱讚他們。

孝文帝的搬家與漢化，都帶有未來要統一天下的理想，可惜他定都洛陽五年之後就死了，漢化大業只完成了表面工夫。

北魏表面上充滿文化，但鮮卑人也因此沾染了漢人惡習，比如說貪污腐敗，奢侈虛偽等等。邊疆那些純樸而崇尚武力的人們，本來就不滿漢化政策，現在看到那些沒本事打仗的人不但身居高位，還貪污浪費，就更生氣了。

因為孝文帝的漢化，北魏的邊疆戰士與洛陽朝廷反而更互看不順眼，後來果然起了衝突，造成了北魏的分裂。

佛教的影響

　　東漢末年以後，宗教的影響力在中國越來越大。以道教來說，除了團結老百姓對抗天災人禍之外，也漸漸發展出各種禮儀、組織以及內涵。

　　由於道教越來越普及，信仰道教的人越來越多，甚至包含了皇帝與士族，有讀書的道士們於是開始寫書，教導大家如何修行。道教書中除了介紹符咒等法術，更強調道士必須要有忠孝仁義等道德修養，如此一來，道教就跟中國原本的忠孝傳統結合了。

　　道教之外，還有一個非常重要的宗教，也是在東漢時傳入中國，然後在三國南北朝時越來越興盛，這個宗教就是佛教。

耶！終於完成我的「修練祕笈」了

佛教起源於印度，剛傳進中國的時候，人們把「佛」當作一種外國神仙來膜拜，這是因為道教崇拜天上地下各種神仙。換句話說，當時的佛教直接變成了道教的一部分。

後來陸陸續續有外國和尚來到中國，不但講解佛法，更翻譯印度佛經，因此懂佛教的中國人越來越多，也開始出現一些充滿智慧的高僧。

鳩摩羅什

鳩摩羅什原本是印度的貴族，他的父親被迫逃出印度，來到中國西方的「龜茲國」居住。鳩摩羅什從小就閱讀佛經，後來成了著名的高僧。

當時中國北方還是胡人混戰的局面，有和尚從西方回來，向胡人君主們大力推薦鳩摩羅什，於是鳩摩羅什輾轉來到中國，並且在中國翻譯了大量的佛經。鳩摩羅什的翻譯除了精準之外，文字也非常優美，是非常重要的一代高僧。

佛寺越來越多，佛寺裡有佛像，因此不只佛教傳進了中國，印度製造佛像的方法也流傳進來。

古代中國有些佛寺跟現在的寺廟不一樣，是在山壁上雕刻巨大佛像，佛像外再建造寺廟包起來，稱為「石窟寺」。石窟寺除了雕刻大佛像之外，也有畫在山壁上的佛像繪畫，保留了古代的藝術品。

由於石窟寺是在山壁上雕刻，因此一面山壁可以雕刻許多佛像，隨著佛教的興盛，石窟寺與佛像也越來越多。

佛教從西邊進入中國，因此西方邊界的「敦煌」就留下了大量的石窟寺，其中最著名的就是「莫高窟」。莫高窟最早的佛像是五胡亂華時雕刻的，後來陸陸續續增加，幾百年後，竟然有好幾百個石窟寺！

佛教的流傳與高僧的傳道，對亂世中的中國產生了巨大的影響。在北方，胡人首領只會打仗不懂治理，往往兇殘的傷害百姓，佛教一方面安撫百姓，一方面也勸胡人君主多做善事。雖然佛教興盛有不少好處，但也有一些缺點，比方說當和尚可以不用繳稅，也不用服勞役，所以許多老百姓假裝信佛，躲進佛寺裡當假和尚，逃避政府的抽稅與勞役。

此外，中國人強調忠孝仁義，但佛教卻要人們「出家」，出家怎麼能孝順父母呢？

秦漢魏晉南北朝大富翁

這就導致了有些君主非常討厭佛教，甚至要燒毀佛寺與佛經，強迫和尚回家種田繳稅。

南方也有很多人信奉佛教，如梁武帝便是著名的佛教徒，曾經三次拋棄皇帝身分要當和尚。梁武帝信佛不是只有捐錢蓋佛寺而已，他本人對於佛教理論也有很深入的研究。在梁武帝的支持下，當時南方的佛教非常興盛。

由於佛經的內容非常困難，為了幫助老百姓了解，印度的高僧往往一邊念經，一邊唱歌。佛教傳入中國之後，中國的高僧們為了翻譯佛經，也認真的研究怎麼樣才能用中文一邊念經，一邊唱歌。

後來有詩人用高僧翻譯佛經的方法來寫詩，發現寫出來的詩，唸起來就像唱歌一樣好聽！詩人們於是繼續研究如何寫出「好聽」的詩，到了唐朝，就變成現在大家都朗朗上口的唐詩了。

開始

八、邁向新時代

16. 南北朝的演變

鮮卑人進入中國地盤之後，北方草原出現了另一個游牧民族：「柔然」。與從前的匈奴、鮮卑一樣，柔然三天兩頭南下搶劫，只是這回北方當家的不再是漢人，反而是鮮卑王朝了。

為了防備柔然，北魏沿著邊界設立了六個軍事據點，稱為「六鎮」。被派去駐守六鎮的將軍與軍隊，多半是鮮卑貴族，其中也有胡化而強壯的漢人勇士。

六鎮的勇士原本是很受尊敬的，然而孝文帝遷都

洛陽那邊的人太過分了！

事情我們做，他們負責A錢！

我們好像只是他們的保鑣！

損失權力4000點

胡太后當家 515年

暫停一回合

皇帝被殺，齊亡 502年

破產出局，土地轉給梁

GAME OVER

梁朝

蕭衍當皇帝，建「梁」502年

獲權力8000點

之後，六鎮的地位一落千丈。他們一方面要面對柔然的進攻，另一方面還要應付腐敗而貪污的朝廷。

軍士們忍無可忍，於是陸陸續續造反，北魏因此大亂。

在鎮壓六鎮的過程中，一個名叫「爾朱榮」的將軍趁機招兵買馬，掌控了北魏的朝政。爾朱榮個性殘忍好殺，反而被自己擁立的傀儡皇帝殺死。

爾朱榮有兩個手下，一個名叫「高歡」，另一個叫做「宇文泰」，這兩個人把握機會，分別獲得了北魏一部分的地盤。

高歡雖然是漢人，但已經完全胡化，過著鮮卑人的生活方式，是六鎮的勇士之一。爾朱榮死後，高歡收編了大部分的六鎮將士，並擁立了另一個皇帝「孝武帝」，掌握大權。

宇文泰則是鮮卑人中宇文一族的後代，他率領著各民族穩住了關中地區，是當時僅次於高歡的大將。

孝武帝不甘於當傀儡，偷偷的逃往關中投靠宇文泰，高歡於是又擁立了另一個皇帝「孝靜帝」。

如此一來，北魏出現了兩個皇帝，國土也就分裂為二，高歡所在的地盤稱為「東魏」，而宇文泰所掌握的關中則稱為「西魏」。高歡是個厲害的角色，可惜他卻與宇文泰出現在同一時代。

當時北魏的精華地區以及兇悍的六鎮軍隊幾乎都被高歡所繼承，東魏比西魏要強大得多。但宇文泰團結了關中的胡人與漢人士族，建立了「府兵制」，與高歡抗衡。兩人交戰數次，不分勝敗，誰也奈何不了誰。

東魏與西魏

秦漢魏晉南北朝大富翁

120

| 東魏 | 高歡掌權 534年 |
| 西魏 | 宇文泰掌權 535年 |

高歡掌權 534年
獲土地6000點

宇文泰掌權 535年
獲土地4000點

機會 西魏設府兵制
前進一格

梁武帝是南朝當皇帝最久的人 暫停一回合

機會

府兵制

　　宇文泰模仿鮮卑早期的軍隊，在全國設置了好幾個「軍府」，軍府裡的老百姓既是農夫，也是士兵。他們平時種田，農事忙完之後，再集合接受訓練如何打仗。若有戰爭發生，軍府出士兵給將軍指揮。如此一來，練兵不會妨礙耕作，而將軍也不能隨意帶兵叛亂，一舉數得。

　　府兵制一直持續到唐朝，是北方朝廷之所以能統一天下的關鍵之一。

　　高歡的兒子高洋後來殺死了孝靜帝，建立了「北齊」。不久之後，宇文泰的兒子也接受西魏皇帝的禪讓，建立了「北周」。

　　鮮卑的拓跋家族，到此退出了大富翁的競爭舞臺。

　　高歡有個兇惡的手下名叫侯景，這侯景對高歡還算佩服，卻瞧不起高歡的兒子。高歡一死，侯景率眾南下，希望南朝能接受他。此時南方已經是「南朝梁」的時代，在位的是「梁武帝」。

八　邁向新時代

121

侯景叛變 547年
損失權力2000點

東魏出局
GAME OVER

北齊

西魏打東魏
獲權力4000點、土地3000點

西魏南攻 554年
獲土地4000點

侯景投降 547年
獲權力2000點

命運 侯景之亂 548～552年
只剩權力800點、土地3000點

　　話說當年，南朝宋由於內訌不斷，劉裕的子孫們幾乎死光，最後被將軍「蕭道成」篡位，搶下大富翁的寶座，建立了「南朝齊」。

　　南朝齊前期曾經有過十幾年的太平盛世，不過後來陸續出了幾個昏君，國政衰弱。南朝齊的皇族大將「蕭衍」起兵推翻暴政，後來篡位登基，改國號為「梁」，他就是「梁武帝」。

　　梁武帝多才多藝，學問淵博，在位四十幾年，南朝梁的文化盛極一時，是南北朝時期難得的好君主。

　　然而梁武帝投機取巧，希望能利用北方投降的人幫他打仗，因此侯景雖然多次反叛而名聲不佳，但梁武帝仍欣然接受他。

　　後來侯景果然再度背叛，舉兵進攻南朝梁的都城建康，監禁了梁武帝。梁武帝又生氣又羞愧，於是在飢餓中病死。

　　侯景不但劫掠百姓，更屠殺士族，南方受到嚴重的破壞，甚至不少國土被西魏，也就是後來的北周所侵占。

秦漢魏晉南北朝大富翁

高洋建北齊 550年
獲權力6000點

皇帝大臣都很爛
損失權力4000點

西魏出局
GAME OVER

梁朝出局
GAME OVER

北周

陳朝

北周成立 557年
獲權力5000點

陳霸先當皇帝，建「陳」 557年
獲權力5000點、土地3000點

命運

侯景打擊士族

　　王家的王導當年擁立東晉朝廷，而謝家的謝安則打贏淝水之戰，兩家人並稱「王謝」，是南方最重要的大士族。
　　侯景投靠南朝時跟梁武帝要求，希望能夠與王家或謝家結為親家，然而兩家人看不起侯景，梁武帝也無可奈何。侯景記恨在心，後來便大肆屠殺王家與謝家兩家人。經過這一場災難，南朝士族再也無法影響政局了。

　　幸好南方邊疆有個將軍名叫陳霸先，他出身平民，勤儉而善於用兵，率軍打敗侯景，後來建立了陳朝。

　　由於侯景之亂，陳朝建國時，國土只剩下南朝宋、齊、梁時期的一半。不過陳霸先十分努力，終於使南方政局穩定下來。

　　南方暫時安穩了，北方卻又出現變化。北齊接連出了幾個昏庸的暴君，內政亂七八糟，而北周則出現英明的君主，國家越來越強盛。北周於是滅掉北齊，統一了北方。

　　中國分裂了好長好長的時間，終於可以開始期待新的大富翁誕生了。

17. 新大富翁的誕生

　　時代一直前進著，自從西晉被胡人滅亡之後，中國的南北戰亂已經延續了足足有兩百五十年了。

　　如果忽略西晉短暫的統一，那麼從東漢末年的亂世算起，中國實際上已經有三百五十年的分裂與戰亂。

　　換句話說，東漢滅亡之後，這一局超多玩家的大富翁競賽，已經持續了好久好久，無法出現真正的獲勝者。

　　在南北朝時代，南方與北方各有不同的發展。南方由於有長江的保護，生活過得比較安穩一些，因此南方的皇帝與士族們欠缺冒險犯難的進取心，只會高談闊論，用詩歌與各種虛偽的禮儀來麻痺²自己。

　　相反的，北方持續的打仗，不論是胡人還是漢人都過得很辛苦，因此若不奮發努力，很快就會被滅亡了。在這種情況之下，北方的胡人與漢人從一開始的互相敵視，到後來漸漸互相了解，彼此體諒。如果有英雄挺身而出領導，就可以形成胡人與漢人團結向上的局面。

八
邁向新時代

　　這位英雄，就是前面介紹過的宇文泰。在北魏分
裂的過程中，宇文泰掌握的土地與軍隊都比較少，因
此他努力的團結關中地區的胡人與漢人士族，尋求大
家的支持。

　　在宇文泰的努力之下，一個融合了胡人與漢人特
色的政府，充滿朝氣與進取心的新大富翁董事會誕生
了，由於這個董事會一開始的地盤是在關中，那我們
就稱呼他們為「關中胡漢董事會」吧！

皇帝大臣都糟糕
損失權力2000點

北齊亡國 577年
破產出局，土地歸北周

GAME OVER

北方統一

攻北齊 577年
獲權力8000點、北周所有土地

攻北齊 573年

　　南北朝後期的天下大致上可以分為三個國家：北周、北齊以及東南方的陳。

　　宇文泰的兒子宇文邕ㄩㄥ，被稱為北周武帝，是一個非常優秀的皇帝，不但個性儉樸，關心百姓，更具有統一天下的雄心。

　　南方的陳朝雖然弱小，然而在位的陳宣帝把朝政整理得井井有條，也不好欺負。

北周、北齊與陳

北周　長安
鄴　北齊
建康
後梁
陳

八 邁向新時代

　　北齊卻與北周、陳兩國截然相反，接連出了幾個暴君，奢侈殘暴。北周武帝於是聯絡陳宣帝，一同把北齊給滅了。

　　北周武帝統一了北方，卻英年早逝，讓曾經在滅北齊戰爭中立下功勞的楊堅有了可趁之機。

　　楊堅是一個胡化的漢人，他心機很重而且聰明絕頂。在宇文家族大多年輕不懂事的情況下，楊堅以迅雷不及掩耳的速度將宇文家族通通殺掉，不但奪取了軍權，更掌握了朝政。

　　北周武帝死後不到三年，楊堅就篡位，自己當皇帝，改國號為「隋」，後來被稱為「隋文帝」。

127

楊堅當皇帝，建「隋」581年
獲土地1500點

楊堅雖然消滅了北周，但他還是依賴原本「關中胡漢董事會」的支持來統治隋。

換句話說，從北周到隋，雖然皇帝換了姓氏，但政府裡的公務員以及手下的軍隊，都與北周是一樣的。當時也有人起兵反對楊堅，但楊堅處置得宜，很快的平定了亂事，穩固了統治。

就在楊堅篡位建立隋的時候，南朝的陳宣帝過世了。自從陳霸先建立陳以來，接連幾個皇帝都十分勤政愛民，因此國家雖小，卻十分富裕。

陳宣帝過世之後，繼任的陳後主卻是一個好色的酒鬼，整天在後宮與美女喝酒嬉戲，國家大事都荒廢了。

楊堅想統一天下，但由於陳與隋中間有長江相隔，加上北方草原又有新的外族蠢蠢欲動，因此他採取了騷擾戰術。

每年到農作物快收成的時候，楊堅就叫大軍假裝要進攻陳，讓陳的壯丁不能好好收割。等到農作物沒有收割都爛掉了，這才派使者跟陳和好。

秦漢魏晉南北朝大富翁

皇帝努力治理國家 前進一格	假裝攻打陳朝 暫停一回合
皇帝每天都在玩 暫停一回合	被隋朝騷擾，好煩呀 損失權力2000點

命運

陳後主

　　隋南征陳時，陳後主還照樣天天喝酒玩樂，自認為有長江作為防禦，陳不可能滅亡。前線幾個大將抵擋不住，紛紛請求支援，但陳後主都不理會，大將們只好一一投降。

　　隋軍隊進入南朝陳皇宮時，前線送回來的求援文書甚至都還沒打開！陳後主抱著兩個美女躲進古井裡，後來都成了隋朝的俘虜。

楊堅進攻陳朝 588年
前進一格

楊堅統一天下 589年
獲權力10000點、土地10000點

陳後主投降，陳亡 589年
破產出局

　　如此經過了幾年，一方面使陳的糧食收成不好，一方面讓陳的壯丁在農田與戰場跑來跑去，累得半死，另一方面也麻痺了陳的將軍，以為隋都只是做做樣子，並不會真的打過來。此時楊堅才發動滅陳戰爭，兵分八路進攻，俘虜了陳後主，統一了天下。

　　從北周武帝宇文邕統一北方，到隋文帝楊堅滅陳統一天下，中國終於又誕生了大富翁。長期的戰亂結束後，另一個新時代也來臨了。

秦漢魏晉南北朝大富翁

130

開皇之治

隋文帝楊堅統一天下後,將北方的均田制與府兵制推行到全國,加上楊堅個性儉樸,厭惡貪污,因此政府官員個個認真做事,建立了一個強大而有效率的政府。百姓不用打仗,又能分配到農田,人人安居樂業,這段太平盛世後來被稱為「開皇之治」。

我是總冠軍!

白品鍵

世新大學中國文學系畢業,也在世新中文系教書。幾年前在臺大拿到博士學位之後,就有了個乾乾淨淨的綽號叫:「白博士」。是熱愛講故事的國文老師,自己一個人讀書讀到呵呵笑之後,會迫不及待要找人分享,久而久之,家裡貓咪的學問也頗有長進。寫搞笑雜文的效率遠高於學術論文、詩與小說,大部分都放在部落格裡。晨光熹微 http://blog.yam.com/wist

簡志剛

從出生後會拿筆的那刻開始就愛塗塗抹抹,不管在臉上、身上或牆上,不管畫的是走的、游的還飛的,就這樣一路畫到大,終於如願以最愛的插畫維生。愛美術也愛音樂、愛運動,努力的嘗試不同的新鮮事兒,用力的將藝術融入生活,融入自己的呼吸和血液。出版了三十多本插畫書,開過多次插畫展、水墨畫展、雕塑展、音樂會,今後也將繼續熱血的畫下去!

秦漢魏晉南北朝大富翁

歷史
遊戲王

為小朋友寫的中國歷史，自己就能讀

歷史學者是怎麼和自己的孩子講中國歷史呢？歷史變身為精彩刺激的故事。

文字淺白有趣，兼顧正確，難字附上注音，配合插圖帶出情境，小朋友自己就能親近歷史。

以遊戲來包裝歷史，每一本都不一樣唷

疊疊樂就像遠古先秦時代，古人創造發明文物制度，到了春秋戰國制度崩解的過程。

秦漢～南北朝各路英雄好漢搶奪大富翁地盤，歷史事件、人物如同機會、命運牌，影響歷史發展。

外交使者

十九年的孤獨背影：
蘇武

鑿空 On Line：
張騫

自請和親的奇女子：
王昭君

歷史文化

龍門路：
司馬遷

再見東漢：
班固

天文巨星：
張衡

文明奇蹟的創造者：
蔡倫

一朵孤芳的野菊花：
陶淵明